# 中国文化知识文库

## 中国古代军事

徐　潜／主编

张　克　崔博华／副主编

李忠丽　郗秋丽／编著

吉林出版集团·吉林文史出版社

**图书在版编目（CIP）数据**

中国古代军事／徐潜主编．—长春：吉林文史出版社，2013.3（2025.9重印）

ISBN 978-7-5472-1501-2

Ⅰ.①中… Ⅱ.①徐… Ⅲ.①军事史-中国-古代-通俗读物 Ⅳ.①E291-49

中国版本图书馆 CIP 数据核字（2013）第 065159 号

# 中国古代军事

ZHONGGUO GUDAI JUNSHI

| | | |
|---|---|---|
| 主　　编 | 徐　潜 | |
| 副 主 编 | 张　克　崔博华 | |
| 责任编辑 | 张雅婷 | |
| 装帧设计 | 映象视觉 | |
| 出版发行 | 吉林文史出版社有限责任公司 | |
| 地　　址 | 长春市福祉大路 5788 号 | |
| 印　　刷 | 唐山富达印务有限公司 | |
| 版　　次 | 2013 年 3 月第 1 版 | |
| 印　　次 | 2025 年 9 月第 5 次印刷 | |
| 开　　本 | 720mm×1000mm　1/16 | |
| 印　　张 | 9.75 | |
| 字　　数 | 250 千 | |
| 书　　号 | ISBN 978-7-5472-1501-2 | |
| 定　　价 | 68.00 元 | |

# 序　言

　　民族的复兴离不开文化的繁荣，文化的繁荣离不开对既有文化传统的继承和普及。这套《中国文化知识文库》就是基于对中国文化传统的继承和普及而策划的。我们想通过这套图书把具有悠久历史和灿烂辉煌的中国文化展示出来，让具有初中以上文化水平的读者能够全面深入地了解中国的历史和文化，为我们今天振兴民族文化，创新当代文明树立自信心和责任感。

　　其实，中国文化与世界其他各民族的文化一样，都是一个庞大而复杂的"综合体"，是一种长期积淀的文明结晶。就像手心和手背一样，我们今天想要的和不想要的都交融在一起。我们想通过这套书，把那些文化中的闪光点凸现出来，为今天的社会主义精神文明建设提供有价值的营养。做好对传统文化的扬弃是每一个发展中的民族首先要正视的一个课题，我们希望这套文库能在这方面有所作为。

　　在这套以知识点为话题的图书中，我们力争做到图文并茂，介绍全面，语言通俗，雅俗共赏。让它可读、可赏、可藏、可赠。吉林文史出版社做书的准则是"使人崇高，使人聪明"，这也是我们做这套书所遵循的。做得不足之处，也请读者批评指正。

编　者

2012 年 12 月

# 目　录

# 古代兵器

　　中国古代兵器是原始社会晚期到清朝后期的战争中所使用的进攻性兵器和防护装具的总称。纵观中国古代兵器的发展，历经数千年而自成体系，它经历了石兵器、青铜兵器、铁兵器、火器等漫长的历史过程，创造出适用于步战、车战、骑战、攻守城战、水战等的种类繁多的兵器。其发展进程独具特色又一脉相承，从而使中国古代兵器成为世界兵器史上极为重要的体系之一。

1

# 一、兵器的童年

中国古代兵器是原始社会晚期到清朝后期的战争中所使用的进攻性兵器和防护装具的总称。纵观中国古代兵器的发展，历经数千年而自成体系，它经历了石兵器、青铜兵器、铁兵器、火器等漫长的历史过程，创造出适用于步战、车战、骑战、攻守城战、水战等的种类繁多的兵器。其发展进程独具特色又一脉相承，从而使中国古代兵器成为世界兵器史上极为重要的体系之一。

## （一）兵器和生产工具的分离

中国远古时期，人类的祖先为了生存，把石块、木棒、藤索等简单加工成斧、弓箭等生产工具，用其打猎来获取食物，并用这些工具来对付凶猛的野兽。随着历史的发展，社会的进步，原始社会逐渐出现了部落联盟，各部落之间为了争夺土地、人口、财富进行战争，在战争中，那些锋利的工具都被人们用来相互厮杀，所以那些生产工具也具有了兵器的功能。为了能够在战争中获得胜利，原来的生产工具已经不能胜任这份工作了，这就迫使人们去制作更加有威力的专门的杀伤工具，于是兵器逐渐从生产工具中分离出来。在原始社会晚期，随着社会生产力的发展，出现了私有制，逐步由部落联盟向阶级社会转变，为了获得更多的土地、人口和财富，战争频繁发生，专门用于杀伤的兵器开始出现了。

最初的杀伤性工具之一就是石器，其中重要的就是石斧，为了能够使石斧更具有杀伤力，古代的人们逐步改变了石斧的外形，减薄斧体，加大刃面，最终形成了专门用于作战的兵器。

除了石器之外，还有就是用木质材料制造的兵器，最典型的就是古代弓箭。弓箭这项发明，对远古的人类是极为重要的。它是人们利用机械储存原理的最早的例子。当时的弓箭的主体是选用有弹性的木料制成的，再用有刃性的弦把它牵紧。人们用力拉弦，就会迫使有弹力的弓体变形，把能量储存起来。当弦

中国古代军事

一松开，弓体得到复原的机会，立即迅速恢复原状，同时把储存的能量释放出来。这个过程是短促而且猛烈的，箭被远远地射向了远方。弓箭的发明和使用，使原始人类在渔猎活动中，可以比较容易地获得猎物，并且能制服凶猛的野兽。弓箭的最原始状态是：弓用单片的木头或竹子材料制成；箭仅仅是削尖了的木棍或是竹竿。以后，为了增加箭的杀伤力，开始在它的前端装上更加锋利的箭头，通常用兽骨或是石头等材料制成。为了增强箭在飞行中的稳定性，在尾部安装了鸟类羽毛制成的箭羽。随着社会生产力的发展以及战争的需要，古代的弓箭逐步的发展完善。

## （二） 涿鹿之战

中国史籍中记载的年代最久远的战争，无疑就是著名的涿鹿之战。那是在原始社会晚期，以黄帝为首的北方部落联盟和以蚩尤为首的南方部落联盟之间在涿鹿原野发生的一场激战。传说，涿鹿之战时，黄帝曾面对着笼罩涿鹿原野的漫天浓雾一筹莫展，他指挥部下四处探寻，还是难辨方向，一直无法摆脱蚩尤布下的重重浓雾。那些铜头铁额、头上生角的蚩尤部族，不时从雾中突然杀出，更令黄帝防不胜防，连吃败仗。幸好黄帝的臣子风后智慧非凡，造出指南车，这才辨明方向，摆脱敌人迷雾的困扰。不过前景并不乐观，蚩尤不但异常勇猛，还是个出色的发明家，创造出各种锐利的兵器。他的属下兵器精良，使得黄帝很难对付，只得请水神应龙来帮忙。不料蚩尤早有准备，请来了风伯雨师，一时间天昏地暗、雷电交加，冲破了应龙的水阵。幸好黄帝也早有准备，请来了旱女魃做法，狂风暴雨顿时消失，天气晴朗。经过反复较量，黄帝终于打败了蚩尤。

关于黄帝和蚩尤的涿鹿大战的神话传说，正是我国古代兵器战争中最初应用的传说。在古代传说中，常常把多种兵器的发明归功于黄帝和他的一些臣子，或是把发明兵器的荣誉归功于那位战败的南方部落的首领蚩尤。在《孙膑兵法》中还记述了剑是黄帝发明的。《世本》中说蚩尤发明了"五兵"。在汉代的绘画和雕刻中出现的蚩尤像，仍是一个似人似兽的怪物，头顶、手中、

身旁配持有各种兵器。关于蚩尤的下场，除了被黄帝杀死的说法以外，另一种说法是在涿鹿之战之后，黄帝并未杀死蚩尤，而是让他主持军事，后来成为军神，受到人们的称颂。《史记·五帝本纪》的注文《龙鱼河图》中记载，上天差遣玄女下凡传授黄帝兵法，才制服蚩尤，然后黄帝让蚩尤主兵，以治理天下。后来蚩尤死了，天下大乱，黄帝又将蚩尤的画像送到各地，以表明他并没有死去。人们以为蚩尤还活在人间，因此又臣服于黄帝。到了汉代，都城都建有蚩尤祠，并且离存放兵器的仓库很近。古代黄帝把蚩尤尊为军神，这种祭祀蚩尤的做法在中国沿袭了很久，直到唐代还保持着出兵祭祀蚩尤的习俗。

### （三）后羿射日的神话

世界年轻时，天空曾一齐出现十个太阳。这些太阳的母亲是东方天帝的妻子。她常把十个孩子放在世界最东边的东海洗澡。洗完澡后，他们像小鸟那样栖息在一棵大树上，因为每个太阳的中心是只鸟。九个太阳栖息在长得较矮的树枝上，另一个太阳则栖息在树梢上，每夜一换。

当黎明来临时，栖息在树梢的太阳便坐着两轮车穿越天空。十个太阳每天一换，轮流穿越天空，给大地万物带去光明和热量。

那时候，人们在大地上生活得非常幸福和睦。人和动物像邻居和朋友那样生活在一起。动物将它们的后代放在窝里，不必担心人会伤害它们。农民把谷物堆在田野里，不必担心动物会把它们劫走。人们按时作息，日出而耕，日落而息，生活美满。人和动物彼此以诚相见，互相尊重对方。人们感恩于太阳给他们带来了时辰、光明和欢乐。

可是，有一天，这十个太阳想到要是他们一起周游天空，肯定很有趣。于是，当黎明来临时，十个太阳一起爬上车，踏上了穿越天空的征程。这样一来，大地上的人们和万物就遭殃了。十个太阳像十个火团，他们一起放出的热量烤焦了大地。森林烧成了灰烬，烧死了许多动物。那些在大火中没有烧死的动物流窜于人群之中，发疯似的寻找食物。河流干枯了，大海也干涸了。所有的鱼都死了，水中的怪物便爬上岸偷窃食物。许多人和动物渴死了。农作物和果园枯萎了，供给人和家畜的食物也断绝了。人们在火海里挣扎着生存。

这时，有个年轻英俊的英雄叫做后羿，他是个神箭手，箭法超群，百发百中。他看到人们生活在苦难中，便决心帮助人们脱离苦海，射掉那多余的九个太阳。

于是，后羿爬过了九十九座高山，渡过了九十九条大河，穿过了九十九个峡谷，来到了东海边。他登上了一座大山，山脚下就是茫茫的大海。后羿拉开了万斤力弓弩，搭上千斤重利箭，瞄准天上火辣辣的太阳，嗖地一箭射去，一个太阳被射落了。后羿又拉开弓弩，搭上利箭，嗡地一声射去，同时射落了两个太阳。这下，天上还有七个太阳瞪着红彤彤的眼睛。后羿感到这些太阳仍很焦热，又狠狠地射出了第三枝箭。这一箭射得很有力，一箭射落了四个太阳。其他的太阳吓得全身打颤。就这样，后羿一枝接一枝地把箭射向太阳，无一虚发，射落了九个太阳。中了箭的九个太阳无法生存下去，一个接一个地死去。他们的羽毛纷纷落在地上，他们的光和热消失了。大地越来越暗，最后只剩下一个太阳的光。

可是，这个剩下的太阳害怕极了，在天上摇摇晃晃，慌慌张张，最后躲进大海里去了。天上没有了太阳，立刻一片黑暗。万物得不到阳光的哺育，毒蛇猛兽到处横行，人们无法生活下去了。人们便请求天帝，唤最后一个太阳出来，让人类万物繁衍下去。

一天早上，东边的海面上，透射出五彩缤纷的光芒，接着一轮红彤彤的太阳从海面升起来了。人们看到了太阳的光辉，高兴得手舞足蹈，齐声欢呼。从此，这个太阳每天从东方的海边升起，温暖着人间，禾苗得以生长，万物得以生存。后羿因为射杀太阳，拯救了万物，功高盖世，被天帝赐封为天将。后与仙女嫦娥结为夫妻，生活得美满幸福。

在这个美丽的神话传说中，古老的远射兵器弓箭，得到了神奇勇士般的赞美。古代传说描述了后羿的丰功伟绩，也因此把弓箭的发明归功于他。没有弓箭，后羿是无法完成他的丰功伟业的。弓箭的发明，对远古的人类是有着重要意义的。下面细说一下弓箭的发展历程。

中国古代兵器弓弩是弓箭的前身，在旧石器时代，人类的主

古代兵器

5

要生产活动是狩猎。当时的原始人类使用打制过的石块、削尖的木棒等向各种猎物投击，但投掷距离毕竟有限。后来，人们发现木制棍棒受外力弯曲变形，而外力一经消失，木棒突然恢复原状时会产生较大能量，于是选取有弹力的木材或竹材，用坚韧的弦将其弯曲固定，制成了人类历史上最早的弓箭类武器。对于当时以狩猎为主的原始氏族部落，弓箭的应用具有重大的意义。

通过大量的考古发现，可以知道我国原始弓箭的构造。1963 年，在山西朔县的旧石器遗址中发现了一枚石镞（zú）。其长约 28 毫米，加工精细，前锋锐利，经放射性碳素测定年代，距今 28 900 多年。它是我国发现最早的石镞。不过《易传·系辞》就已经记载了"弦木为弓，单木为矢"（即弓仅是单片的木头制成，箭是削尖的木棍）的原始弓箭。由此可见，中国古老的先民懂得制造和使用弓箭的具体年代，要比能够制造这种石镞的年代早得多，至少也是距今三万年以前。

其后，古人类不断改进手中的生产工具和战斗工具，使得弓箭也紧紧跟随着人类前行的脚步而演进。当人类社会进入新石器时代时，箭镞由原来的打制石镞逐渐演变为精细的磨制石镞。同时为了能使石镞牢牢地固定在箭杆上，镞的后部逐渐加长成为铤，并加上了使箭飞行稳定的尾羽。

古代弓箭发展成具有锋刃的一种远射兵器。弓由弹性的弓臂和有韧性的弓弦构成；箭包括箭头、箭杆和箭羽。箭头为铜或铁制，杆为竹或木质，羽为雕或鹰的羽毛。弓箭是中国古代军队使用的重要武器之一。

弓有牛角弓、复合弓和滑轮弓，后两种弓都是现代材料制成，一般作为比赛用具。牛角弓是中国古代弓箭的巅峰之作，到目前为止也不亚于现代材料制作的弓。牛角弓由牛角、竹木胎、牛筋、动物胶等材料经过百十道工序加工而成，技术难度高，制作周期长，却不能长期保存，最长也就能保存百十年。弓箭作为古代战上的重要武器，最终被枪炮所淘汰，传统弓箭文化从此成为历史，现如今会制作传统弓箭的人寥寥无几。

中国古代军事

## （四）史前兵器

原始战争的严酷和频繁，促使原始社会开始向阶级社会转变，兵器最终和生产工具分离。

原始人加工过的木棒是最古老的兵器之一。原始人同猛兽搏斗、狩猎都离不开木棒。当人们要把木棒改变为武器的时候，必须改变木棒的形状和质量，以适应战争的需要。由于木棒质地的原因，要想保存到现在是不可能的，到目前为止，所有的新石器时代遗址的发掘中，都很难找寻到原始木棒的踪迹。这样一来，对这种兵器的了解，只能从民族学方面的有关资料中获得启示。在我国台湾省兰屿居住的耶美人，在20世纪初还处于原始社会。他们使用的就是大木棒，长达2.8米，木棒头部类似于大刀的形状，在大棒中部又削得较细一些，为了是方便用手握住。这种大木棒，在耶美人的战争中，是一种厉害的兵器。

为了在战争中更加有效作战，原始人在木棒的一端安装一块石头，就形成了原始的石锤。开始石锤头是用石头敲打成的，形状不太规整。为了使木柄牢固，在锤头中心钻个圆孔，又在锤头的边缘磨出齿刃。

把细长木棒的头部削成尖状，就是最原始的矛枪，可以用于向前扎刺。又发展到在木棒上面绑上石头或者骨头，成为打猎的重要工具之一，以后又转化为原始的兵器。

戈是中国古代具有特色的兵器，戈的雏形在广东地区一些新石器时代遗址中已经发现。可能起源于原始社会农业中使用的石镰或蚌镰，都是收割庄稼的工具，原始人受到这两种工具的启示，创造了戈这种兵器。

在原始社会还有一种小型的防身兵器，主要是匕首和短矛。匕首可以防备一些突然发生的危险。匕首的制成材料多种多样，有骨质的，也有石质或角质的。在新石器时代匕首的磨制是极其精致的。

以上我们所介绍的都是攻击性的武器，但是面对进攻性武器的威胁，人们也必须想方设法保护自己，于是出现了相应的防护装备。在防护装备中最早使用的是盾牌。原始的盾牌是相当简陋的，最初是使用藤木之类的材料制成。除此之外还有用木质材料做成的，后来又在木质盾牌的外面加上了兽皮，防护的作用增强了。

除了盾牌之外，还有一种防护装备就是穿在人身上的护甲。据说原始的护甲是受到动物的启示所制造的，动物用甲壳来保护躯体，因此人们也开始在身上裹上一些东西，以防止进攻性武器的伤害。最原始的护甲就是用一些植物的藤枝。后来随着社会生产力的发展，人们逐渐采用动物的皮来缝制护甲，并且还附带制成了头盔。

到了新石器时代晚期，原始的进攻性兵器和防护性兵器已经初具体系。进攻性的兵器有弓箭、石斧、矛、戈、匕首等，防护装备主要是甲胄和盾牌，多用藤条、皮革等材质制成。

随着原始社会的瓦解，生产力水平的提高，人们对财富和权力的欲望不断增强，兵器最终从生产工具中分离出来，并且逐步形成兵器体系，我国的兵器有了一个良好的开端。

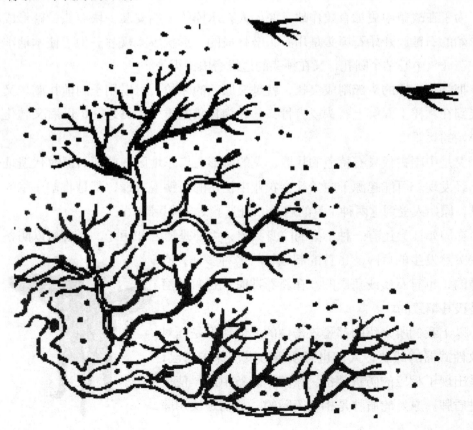

# 二、辉煌的青铜兵器

## （一）进入青铜时代

公元前 2070 年，夏启建立了中国历史上第一个王朝——夏朝。大约在同一个时期，中国也由石器时代进入到了青铜器时代。青铜器时代大体经历了夏、商、西周、春秋到战国两千多年的时间。对青铜冶炼技术的掌握，使得人们开始用青铜冶炼兵器，使我国的兵器制造进入到青铜时代。

在人类社会迈入青铜时代的门槛之前，人们对金属早已经有了初步的认识。最早被人们认识的大约是自然界中天然存在的红铜，它有可能是在人们寻找各种适合制造工具的石料的时候被发现的。红铜相对于石料来说有很多优点，更坚硬，并且富有光泽，于是在大量的石质工具中有着明显的优势。人类经历了很多的艰辛的摸索之后逐渐探索出冶炼金属的方法，进入到了青铜器时代。至于在我国古代人们何时开始冶炼红铜，到目前为止还没有找到准确的答案。

远古的人们从开始利用自然界的红铜制造工具和冶炼早期青铜器，到能够熟练地掌握铜、锡、铅的合金技术，经历了长期的实践。

## （二）商朝的青铜兵器

目前在我国发掘的最早的技术成熟的青铜器，是在距今约四千年以前的二里头文化遗址中发现的。在河南偃师二里头遗址的发掘中，发现了一些化铜炉的残壁和铜渣，以及铸造铜器时使用的泥质铸型——陶范的碎块。它们的出土说明当地有冶铸青铜器的作坊。这些发现表明当时的青铜冶铸技术已经具有一定的规模。在遗址的出土品中有戈、钅戚、镞等青铜兵器，它们是目前已经知道的我国最早的青铜兵器。虽然在二里头遗址发掘中获得的青铜兵器数量不多，器类不全，但是我们可以从这些铜制品中看出兵器和生产工具已经分离了。

古代兵器

二里头遗址中出土的第一种青铜兵器是箭镞，属于远射兵器。镞体是扁平的，在后面有一个可以插箭杆的东西，但是有些的形状不是很规范的。

二里头遗址出土的第二种青铜器是铜戈，属于格斗兵器。形状像一柄镰刀，只是上下都有利刃，前锋形成尖峰。戈是我国古代具有鲜明民族风格的兵器，在这一时期它的基本特征已经形成了。

二里头遗址出土的第三种青铜兵器是铜钺戚，从形状来看它是从古老的斧类工具演变而成的。

总体来看二里头遗址出土的青铜兵器的铸造技术已经有了一定的水平了，因此可以推断青铜兵器的出现时代要比二里头遗址的青铜器铸造时间更早。

在中国大地上，青铜兵器不仅出现在中原，在西北的一些古代文化中也同样出现了铜制兵器，例如甘肃发现的火烧沟类型文化。在火烧沟发掘的三百多样墓葬品中有三分之一以上是铜器，其中也包括大量的铜制兵器，这一地区是古代羌族居住的地方，可以反映出我国灿烂的文化是各民族共同创造的。

在夏王朝的时候，活动在黄河流域中下游地区的商族势力不断强大，并最终起兵灭掉了夏朝，建立了我国历史上的第二个奴隶制国家。中国古代的青铜文化在商朝时达到了高峰，青铜的冶炼技术有了较大的发展。

随着奴隶制国家的巩固和发展，国家机器日益强化，为了对外征伐和对内镇压，商朝建立了强大的军队，这样就需要大量的军事武器，并且为了增强战斗力要不断提高武器的制造质量。从出土的商朝青铜兵器来看，商代已经形成兵器体系，主要有远射兵器、格斗兵器和护体兵器，并且配备了必要的防护装备。

商朝的远射兵器主要是弓箭，在箭端普遍使用青铜的箭镞。

用来格斗的兵器主要是戈、大刀等。戈是一种格斗类进攻型长兵器。它的形制特殊，大概是受到石器时代的石镰、骨镰或陶镰的启发而产生的，它流行于夏商周的青铜时代，主要装备在战车上。戈是先秦时代最重要的兵器之一，对后来兵器的发展产生了深远影响，这种影响甚至超越了兵器本身，渗透到古代文化中。"干戈"是古代兵器的总称，甲骨文中已经有了干和戈字。干最早是分叉的树枝，用来抵御野兽和敌人的进犯，是原始社会人类的防御武器；戈

中国古代军事

则是在木杆上绑上有刃的物品，用于收获或狩猎，后来发展成兵器，古代长期将干、戈作为防御和进攻两大类武器的代表。干、戈到了后代，甚至在戈已经退出兵器行列之后，仍然在社会上流传着诸如大动干戈、反戈一击、金戈铁马、化干戈为玉帛等等词汇，它们已经融入到我们的文化中。

铜戈在二里头文化中已经出现了，但原始形状还是近似于镰刀，在商代则有了进一步发展，戈是商代最主要的格斗兵器。1967—1977 年，河南安阳殷墟发掘出二百三十件铜戈。对青铜戈的改进表现在两个方面：一方面是改进戈的锋利程度，目的是增强杀伤能力；另一方面是改进和戈头连接的部分的牢固程度，使戈头在战斗中勾杀时不至于脱落。古人通过聪明的才智，改进了戈，有利于战争的需要。

格斗兵器中另一个重要的兵器就是矛，商代的青铜矛铸造成具有长"骹"的宽叶形状，骹部中空，用来安装矛柄，在骹部的两侧带有两个半圆形的双环，这样可以把矛头牢固地绑缚在柄上，还可以挂上漂亮的矛缨。从出土的数量来看，在殷墟出土的矛要比戈少得多，铜矛仅有七十件，还不及铜戈数量的三分之一。但这两种格斗兵器在殷墟出土的兵器中，所占比重是最多的，说明这两种兵器在商代战争中发挥了重要作用。

除了戈和矛外，格斗兵器还有钺。钺为宽体阔刃，刃圆弧而两角微向上翘，出土的数量较少，没有戈和矛普遍。有的铜钺铸造得很大，上面有令人害怕的各种图案。例如在妇好墓中出土一件大青铜钺，铸有两只凶恶的老虎张开血盆大口想要吃中间的一个人头，显得面目狰狞恐怖，并且带有妇好的铭文，妇好曾经做过主将带兵四次出征，所以这种大的钺，是主将身份的象征。

商代的另一种格斗兵器是铜刀，铜刀按照形状分为两种：一种是形体比较大，一般长 30 厘米—40 厘米，凸脊凹刃，在刀的柄端常常铸出动物的头像，如马头、牛头或羊头；另外一种较短，一般比较轻便，适于近体格斗。

商代的防护装备，有盾牌和甲胄。在殷墟发现的青铜甲胄总数有约一百四十顶以上，这些甲胄表面有精美的图案纹饰，打磨光滑，但是在胄的里面还保持着铸造的粗糙面，凹凸不平，凡是有纹饰的部分都向外凸出，以此可以推断出，在胄的里面会

11

有软的织物作衬里，或是将胄戴在头巾的外面。盾牌，在殷墟的墓葬中也发现过残迹，是用木材做成框架，上面再蒙上皮革，在盾的面上涂上漆，有的还画有老虎图案。盾面近似长方形，只是下底比上边要宽些，盾牌高约 80 厘米—90 厘米。

通过以上对商代的兵器的介绍，我们可以看出商代兵器的制造工艺、形体特征和使用性能各方面都到达了比较成熟的阶段。西周时期，青铜兵器使用更加广泛，在战争中发挥了更加重要的作用。

### （三）牧野之战

公元前 1046 年，原野上齐整地排列着一支几万人组成的大军，军队的主力是由四匹骏马托驾的木质双轮战车。这是周武王率领的军队，拥有兵车三百乘，甲士四万五千人；还有盟军，那是与周人联合的一些部落派来的军队。大军渡过黄河以后又行军六天，到达商都朝歌以南七十里的牧歌，等待聆听周武王临阵誓言。武王来了，他左手杖黄钺右手秉白旄，誓师礼开始，这就是历史上有名的"牧誓"。随后周军与商军在牧野展开了战斗，纣王的军队人数虽然远远超过周人及其同盟军，但他们是临时组织起来的乌合之众，很多士兵对商纣王的倒行逆施早就十分痛恨，不再愿意为商王卖命，所以一遇到周武王军队的冲击，商军就动摇混乱，奴隶们纷纷倒戈，致使商的军队土崩瓦解溃不成军。纣王见大势已去，便逃进露台自焚而死。周武王当时在牧野的誓词，也保留到现在，从他开始命令全军"称尔戈，比尔干，立尔矛，予其誓"的话中可以了解到当时军队的主要装备：格斗兵器是戈和矛，防护装备是干，即盾。武王在誓师中手中所握黄钺这种兵器当时是权威的象征。据《史记·周本纪》记载，牧野之战后第二天，武王进入商都时，大臣用剑护卫武王，说明当时将领已使用剑作为保卫武器。通过考古发现，可以证实这些记载可靠的，也反映出当时军中主要兵器的实际情况。出土的西周时期的兵器，数量最多的是戈，其次是矛，都是青铜制成品。防护装备的盾，虽然木质或皮质部分已朽毁，但还保留有很多青铜的盾；也发掘出土了当时使用的木质战车，以及车上装备的青铜饰品。从这

中国古代军事

些青铜制品可以看出，西周的青铜兵器，工艺水平已经相当高了。

西周的铜镞还是沿袭了商代铜镞的那种薄翼厚脊，双翼前聚成锋，后有倒刺的形状，但有所改进。早期的双翼的夹角和商代近似，角度都较小。在白草坡出土的二百多枚铜镞，形状基本相同。格斗兵器仍旧以戈为主，它的形状基本上沿袭商朝戈的特征但略有变化。在西周的护身兵器中已经看不到商代那种凸背凹刃的短刀或短剑，取而代之的是青铜剑。西周的青铜剑比较短，剑身细长近似柳叶形状。西周时期的防护装备，主要是盾和甲胄。此时的盾饰样式更加的多了，盾饰一方面是起到加强防护的作用；另一方面则可以达到威严吓人的效果。有关西周出土的甲胄的资料不是很多，据有限的资料来看，此时的甲胄同商代不同之处就是在甲胄的面上没有纹饰，而是多了一种甲泡，类似于古代的铜镜，起到增强保护的作用。

### （四）春秋战国时期的青铜兵器

春秋以来青铜兵器的质量和产量都较商朝和西周时期有较大的提高，主要是由于青铜冶炼工业有了进一步发展。到了春秋时期，铜矿的开采和冶炼，都到达了空前的规模，当时采矿、冶炼和铸造业之间，有了内部的分工，而且铜矿的开采和冶炼技术都已经达到较高的水平，这就使得扩大青铜器的产量有着雄厚的物质基础。以在湖北省黄石市铜绿山古铜矿发掘获得的资料为例，在古矿井附近发现有古炼炉遗存，以及大量炼铜后弃置的炉渣。炉渣的总量估计多达四十万吨左右，据此可以推断出古代提炼的红铜当在四万吨左右，这些红铜都分运各地去铸造青铜器。

春秋战国时期的兵器与之前商周相比有了新的变化，主要表现在两个方面：

一方面是改进了兵器的外形，为了能够提高战斗力。在远射兵器中，首先改进了青铜镞的外形。春秋时期开始出现了镞体呈三棱形的新型铜镞，战国以后，三棱形的铜镞淘汰了过时的双翼三锋镞，三棱形成为铜镞的标准形状，增强了箭的杀伤力和穿透力。这一时期除了对铜镞的改进之外，弓的制作也更加精良。此外，格斗兵器中的矛和戈的形体都有改进。

另一方面是增加了新型的兵器，在远射兵器方面开始在队伍中装备了弩，用弩作为主要兵器并起到决定性作用的著名战役，当属战国时齐魏之间发生的马陵之战。战国时期有位著名军事家孙膑，曾与后来为魏惠文王效力并受到重用的庞涓同窗学习兵法。庞涓志大才疏，自知才德不及孙膑，便使用阴险的招数将孙膑骗到魏国，又设计加害，使孙膑受到挖掉膝盖骨的刑罚，以为这样孙膑就永无出头之日了。古代将挖出膝盖骨的刑罚称为膑刑，孙膑之名由此而来。这时齐国派遣使者到达魏国，孙膑得知后偷偷地去见齐国使者。双方谈了很多，齐国使者认为孙膑绝不是等闲之辈，在军事思想上有很深的造诣，于是就用车将他悄悄地偷运到齐国。来到齐国后，齐将田忌为孙膑独到的军事理论才能所折服，非常敬重孙膑，并将他推荐给齐威王。爱才心切的齐威王虚心请教孙膑并且拜孙膑为师。孙膑在齐国导演了两场中国古代历史上著名的战役，一个是围魏救赵，一个是马陵之战。

公元前 343 年，魏国联合赵国攻打韩国，韩国急忙向齐国求救，齐国派遣田忌任主帅、孙膑为军师的数十万大军向魏国进发。正在前线的庞涓闻讯慌忙率军返回魏国，一路上马不停蹄地向西追赶齐军。庞涓求胜心切，连追三日，看到齐军的灶火从第一天十万个逐日减少，第三天只剩下三万个，非常自信地判断出齐军已经大半逃亡，于是甩开步兵，率骑兵急追齐军。由于对庞涓非常了解，孙膑料到他会上当受骗，在傍晚时候便赶到山间古道马陵，集了万余名射手埋伏在此，这些士兵手中握弩，等待魏军进入到埋伏圈。轻敌大意的庞涓在夜幕时分果然如期而至，他举着火把还没有认真读完孙膑刻在树上的"庞涓死此树下"这几个字，数万支强弩便一齐将利箭射向魏军。没有丝毫准备的魏军一时大乱，来不及应战便纷纷坠马倒地，眼见大势已去庞涓自杀身亡。齐军能够取得胜利，与弩在军队中大量使用有关。

弩的构造比较复杂，它是在弓上安装木臂并加有机械装置，主要由臂、弓、机三部分组成。弩弓一般是由多层竹材合制，形似扁担；弩臂用木制成，前端有一个横贯的用来固定弓的容弓孔，使弓固定在臂上而不左右移动；木臂的正面有一条放置箭的沟形矢道，使箭能在发射后直线飞行；弩机安装在木臂的后部，春秋战国为青铜制。

弩除了使用人的臂力张弓外，还可以用脚蹬、腰引，甚至用绞车的方式张弓，集中几个人甚至众多人的合力，克服了弓仅仅局限于人臂张弓发射力小的弱点，因此其强度和射程也比弓增大了数倍。

在格斗兵器中，从春秋起开始出现短柄的剑，剑在春秋墓出现时，已不是西周那种体短的柳叶形青铜剑，而是有脊，茎和刃的区别明显，茎端有圆形剑首，最长的已经接近 40 厘米。在春秋晚期，铜剑已经很典型了，例如在长沙浏城桥出土了四把铜剑，最有名的是吴王夫差剑和越王勾践剑，在剑上都有铭文。此时还出现了格斗兵器戟，在春秋战国时期的战斗中也发挥了重要作用。

纵观从夏朝到春秋战国这一段时期，兵器所使用的材料以青铜为主，并在各国的纷争战斗中不断得到改进，到了战国时期已经很完善了，但是随着社会的发展，新的兵器材料也出现了，那就是铁制兵器。

# 三、钢铁兵器登上历史舞台

## （一）铁制兵器的出现

春秋战国时期是我国历史大变革时期，此时期是我国从奴隶社会向封建社会过渡的时期，社会性质的变革是与我国社会生产力的发展分不开的，在过渡到封建社会的过程中生产工具和武器装备的制造材料也发生了重大的变化。

春秋时期铁器登上了历史舞台，是促进奴隶制向封建制过渡的一个重要因素。用钢铁制造兵器引起了兵器生产的巨大变革，这个变革是从战国时期开始

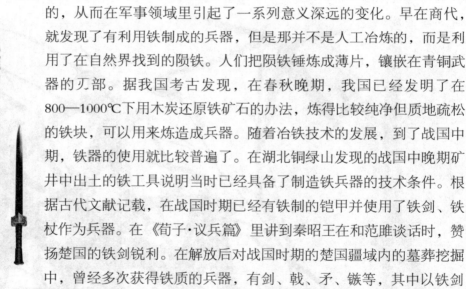

的，从而在军事领域里引起了一系列意义深远的变化。早在商代，就发现了有利用铁制成的兵器，但是那并不是人工冶炼的，而是利用了在自然界找到的陨铁。人们把陨铁锤炼成薄片，镶嵌在青铜武器的刃部。据我国考古发现，在春秋晚期，我国已经发明了在800—1000℃下用木炭还原铁矿石的办法，炼得比较纯净但质地疏松的铁块，可以用来炼造成兵器。随着冶铁技术的发展，到了战国中期，铁器的使用就比较普遍了。在湖北铜绿山发现的战国中晚期矿井中出土的铁工具说明当时已经具备了制造铁兵器的技术条件。根据古代文献记载，在战国时期已经有铁制的铠甲并使用了铁剑、铁杖作为兵器。在《荀子·议兵篇》里讲到秦昭王在和范雎谈话时，赞扬楚国的铁剑锐利。在解放后对战国时期的楚国疆域内的墓葬挖掘中，曾经多次获得铁质的兵器，有剑、戟、矛、镞等，其中以铁剑居多，有个别的铁剑长达 1.4 米，比当时通常使用的青铜剑要长一倍左右，一般的铁剑的长度也有 70 厘米—80 厘米。此时期矛的长度也是较长的，它们的器形也与青铜制的同类兵器不同，开创了以后在汉代流行的新形式。但是最具有特点的，是戟的形状的变化，从出土的铁戟看，已是到了卜字形了，完全脱离了青铜戟的形状，到了汉代这种样式的铁戟就完全取代了战国时期流行的青铜戟，并成为军队中装备的标准长柄兵器。在战国晚期铁制的铠甲已经出现了。锐利的铁兵器和青铜兵器相比，其进攻性和杀伤力都有了提高，这就自然引起

了军事技术方面的变革。但是在战国晚期，铁制兵器和防护装备没有大规模生产，以燕国来讲，军队中主要的装备还是大量的青铜兵器，从全国范围内来看，铁兵器的制造和生产技术水平不是很均衡。从陕西西安出土的秦始皇陵兵马俑中的兵器，大部分都是青铜制成的，这说明在战国末年我国各地铁兵器的生产是不均衡的，兵器虽然出现在战争中，但还不是舞台上的主角。铁制兵器作为战争的中主要兵器是在汉朝。

## （二）　汉朝时期的铁制兵器

公元前 209 年，爆发了中国古代第一次农民大起义。秦朝政府征发九百人开赴渔阳（今北京密云）戍守，但是在行进的途中遇到了大雨，按照秦朝的法律，延误戍守的时间，就会被杀头，加之人们对秦朝腐朽统治的强烈不满，在陈胜、吴广的领导下举起了反秦的义旗。农民起义席卷全国，摧垮了秦朝的残暴统治。之后是持续四年的楚汉战争，最后以刘邦胜利，项羽失败而结束。刘邦建立了汉朝。

在汉朝时期，铁制兵器得到广泛应用，青铜兵器逐渐退出了历史舞台。由于冶炼技术的提高，使铁制兵器的质量也有了很大的提高，品种日益增多，数量日益扩大，于是铁制成的兵器最终排挤了青铜制成的兵器，最后除了弩机和一部分消耗性的箭镞以外，青铜兵器就从战争舞台上消失了。在西汉初期，青铜的戈、矛和戟还被大量使用。到汉武帝时期，一方面是由于战争的需要，另一方面由于官府设置了大量的管铁的官员以及出台很多管理铁的开采和生产的措施，加之钢铁冶炼技术的发展，铁制武器的比重日渐增大。在洛阳金谷园和七里河发掘的一批西汉中期到王莽建立新朝前后的墓葬中，出土了大量铁剑、铁刀、铁戟、铁盔甲，仅仅是长度超过 80 厘米的铁剑就有三十七把，而同时出土的青铜兵器，只有弩机和箭镞两种，可能是由于工艺方面的原因，弩机直到魏晋南北朝时期还是用青铜铸造的，它就成为最后退出战争舞台的青铜兵器。又如在洛阳烧沟发掘的一批西汉中晚期的墓葬里，所出土的剑、刀、矛等兵器，也都是铁质的。至于在西汉都城长安的武库遗址

的发掘中，所获得的兵器主要是铁质的，有刀、剑、矛、戟和铠甲等，尤其是铁镞数量较多，青铜的兵器主要是箭镞，其数量只有铁镞的十分之一左右。在西汉时期还能经常看到的青铜兵器，到了东汉时期就是偶尔才出现了，从考古出现的兵器主要都是铁质兵器。

汉代军队正式装备的兵器中，能远射兵器主要是弩和弓；格斗兵器有戟、矛、刀、剑；防护装备是铠甲和盾牌。此外，也有用以锤砸和劈砍的锤、钺斧等，还出现了既能攻又能守的兵器——钩镶。

弓箭是骑兵不可缺少的兵器。依据考古发掘获得的材料，汉代箭上的镞已经开始大量用铁来制造了，在长安武库遗址和满城刘胜墓的发掘工作中，都获得了数量很多的钢铁镞，用锻造的钢来制造箭镞，自然比青铜铸造的箭镞的性能要好很多。

在汉代的远射兵器中，弩的使用比弓要广泛，汉代的弩比战国时期的弩有了很大的改进。战国时期，弩的扳机部分虽然是铜制的，但是它都直接安在木弩臂上的槽里，但是到了汉代，普遍在扳机外面围上铜的廓。这种改进，使弩机可以承受更大的力，因而可以射得更远，更加有威力。

和西汉的弩一起被视为西汉军队中最精良的兵器，当时常称"劲弩长戟"。长戟是汉代最主要的格斗用长柄兵器，骑兵和步兵都离不开它，它的外形像卜字，这种形状的戟在战国末年已经开始使用，在考古发掘中就有这样的钢戟和铁戟。在战国时期普遍应用的青铜戟，在西汉时期已经衰落了，只是偶尔有发现。

和长戟同样重要的长柄兵器，还有矛。汉代因各地方言不一样，所以对矛的叫法也是不一样的。这时期还使用着青铜的矛，它们还沿袭着战国以前的传统。但是大量使用的，已经是钢铁制品了。随着钢铁冶炼技术的发展，铁矛的形状日趋变大变重。汉代的戟和矛，除了装有长柄的以外，也有装短柄的。

在汉代，青铜剑几乎绝迹了，在战国末年已经开始使用钢铁的基础上，使钢铁兵器有了迅速的发展，西汉的部队中普遍地装备了钢铁剑，且剑身更长，工艺质量更高。在广州西汉早期墓里获得的七柄铁剑中，最长的那件长达124厘米。

除了剑以外，在汉代开始兴起了一种新型的短柄兵器，就是大型的铁刀，这种兵器在战国时期还没有出现。刀的出现，是和西汉时期冶铁炼钢技术的发展分不开的。在西汉初年铁剑是主要的短柄兵器，但是当刀出现以后，它就逐渐被排挤了。在洛阳西郊汉墓里面，出土了铁刀二百零四把，但是其中长度32.4厘米以上，可以作为兵器使用的，仅占总数的四分之一。随着钢铁冶炼技术的进一步发展，东汉时期炼钢技术已经可以用来制造兵器，出现了质量优良的钢刀。

除了上面介绍的弓、弩、戟、矛、剑、刀外，大铁锤也是厉害的兵器，张良刺杀秦始皇时，准备的兵器就是大铁锤，重达一百二十斤，张良本来是战国时期韩国五世相门之后，秦兵攻破韩国都城的时候，他遣散了家童，变卖家产，四处寻找能刺杀秦始皇的英雄豪杰，终于在东海找到了一个力贯千钧的大力士。等到秦始皇巡游经过博浪沙（今河南原阳县）的时候，张良同大力士用一百二十斤大铁锤偷袭秦始皇的銮驾，可惜没有击中。此后，在秦末农民起义中，张良率部投奔刘邦，并助其击败项羽，为汉朝的建立立下大功，被封为留侯。

汉代的防护装备，仍然以铠甲和盾牌为主。先说盾，汉代盾的材质分为木材、动物皮骨、铁等。用铁制的盾牌，在楚汉之争时就有使用了，在著名的鸿门宴中，樊哙手中拿的就是铁盾。后来在铁盾的上面再安装上下两个锋利的钩子，就成了一种新型的兵器——钩镶。这样一来，既可以用它来钩阻敌方的兵器，又可以用来钩刺对方。

汉代的甲胄，主要是玄甲，也就是铁铠。战国末年铁铠已经出现在战争舞台上，但是直到西汉时期，铁甲才逐渐完善，排挤了传统的皮制甲胄，占据了主要的地位。

汉朝时期是我国古代铁制兵器发挥重要作用并得到迅速发展的时期，在下一个历史时期，由于战争的需要，铁制兵器又有了一定发展，并逐步成为古代兵器的主要材料。

### （三）三国两晋南北朝时期的兵器

三国两晋南北朝时期是我国古代大分裂时期，在动荡的年代中，战争频发，

此时期的兵器也获得较大改进。

魏晋南北朝时期骑兵开始增多，骑兵的装备也更加精良。骑兵使用的兵器，远射的还是弓和弩，格斗的是戟和大刀。敦煌第二百八十五窟的壁画，为我们介绍了当时骑兵的典型形象，他们头戴钢盔，身披铠甲，骑着穿有护具的战马，手里拿着长柄的矛，腰间挂有弓，骑兵也使用弩，但更多人使用的是弓箭。

在从东汉到三国时期，骑兵使用的主要还是戟，戟还是"卜"字形状，除了长戟之外，还常常携带短戟，也叫手戟。到南北朝时期，骑兵还使用戟，但戟的形制也有了很大的变化，那就是将"卜"字形改进了，使戟的外貌变得像一把两尖的叉形。

强弩在汉代已经是主要兵器，到了魏晋时期，这种兵器又有了进一步的发展。一方面是加强了弩的强度，部队中装备的弩，除了用脚踏张的以外，腰引弩也被普遍使用；另一方面是改进了弩的架构，使它一次可以发射较多的弩箭。

在南北朝开始流行一种新型的更为精坚的铠甲。由于这种铠甲的胸前和背后各有两面金属圆护，很像闪光的明镜，在战场上，金属圆护反照太阳的光辉发出明光因此这种铠甲被称为明光铠。曹植的《先帝赐臣铠表》记录的几种名贵铠甲中，就有明光铠。这表明这类铠甲，在三国时已经出现，但却属罕见的名贵铠甲，其原因可能是明光铠的制造技术要求更高的缘故。在北朝末年明光铠非常盛行，这种铠甲是一种防护力很强的精良铠甲。

魏晋南北朝时期的防护工具，除了铠甲之外，新增了防护面部的面具。例如永嘉年间夏口之战中，晋将朱伺就用"铁面"自卫，然后用弩机射死敌方好几个将领。配合铁铠使用的装备，还有带有长钉的铁屐，那是专门用来攀登城墙的，石勒进攻刘濯时，军队就使用过这个装备。

以上大致介绍了三国两晋南北朝时期的兵器，这些兵器装备比两汉时期有了很大的改进，除了因为当时军事上的需要外，最重要的原因是生产技术的发展进步，尤其是钢铁冶炼技术的进步。这也加速了南北朝时期进攻性兵器的发展，防护装备的质量也随之提高，于是兵器装备的生产达到了新的高度。

中国古代军事

# 四、古代的车战和战车

## （一）先秦时期的车战和战车

车战是先秦时期最主要的战争形式。在春秋战国时期，著名的爱国诗人屈原在楚辞《国殇》中，生动地描绘了车战情景，深情地讴歌了保家卫国的车兵在战场上的英雄事迹。在《国殇》中，涉及的车战装备有：吴戈、秦弓、长剑，指挥车战的有旌旗、战鼓。在实际战场上，长兵器配备还有戈、戟、矛、钺，短兵器有刀、匕首，战马尤其是辕马还有马甲。下面让我们沿着古代战车的发展轨迹，重温古代战车的历史。

在陆地上最重要的交通、运输工具就是车。据说古人受到蓬草枯干遇到风飞转的自然现象的启发，制造出了最早的轮，再加上车箱就成了车。到了传说中的黄帝时代，畜力拉车已经代替了人力。黄帝名轩辕，轩辕二字都有车，可知黄帝部族是以用车而闻名中原的。

奚仲在车制的发展中有过突出的贡献，他可能是夏初前后的人。他改进了车型，提高了车的功效，因而被任命为夏的"车正"，后世的车工们尊称他为造车的鼻祖。

车经过改进，日渐成熟之后很快投入到战争中。文献上记载的中国历史上第一次用车作战是在夏启伐有扈氏的战役中。

在公元前21世纪末，夏帝大禹在东巡时死于会稽。益临危受命继承了禹的帝位，可是各地诸侯纷纷尊禹的儿子启为帝，只有有扈氏不服新帝。夏启率兵讨伐有扈氏，双方相遇在陕西户县的甘亭。战后，夏启严令要求车左、车右、御手必须各负其责，各尽其职，否则格杀勿论。

到了商代，战车已经登上了战争的舞台。在殷墟发现的大量刻有甲骨文的卜辞中，车已与衣、甲、弓同列，且作为战利品被记载。在19世纪30年代，考古工作者在安阳小屯的车马坑中发现了第一辆商代战车。除了安阳，在陕西蓝田县的老牛坡也发现了商代的战车。

商汤灭夏时的主要兵力是"良车七十乘"，到了西周，武王灭商时就发展成"戎车三百乘"，西周末年，就是"其车三千乘"了。辛勤的考古工作者在周都的张家坡、北京房山琉璃河、甘肃灵台白草坡、山东胶县西庵等地发掘出一批周车，和殷商的车制基本一样。

春秋战国时期是车战最盛行的时期，早期的秦人是以善于养马而走上历史舞台的。在春秋初期，秦国因其落后的文化而备受东方各国的歧视。当时弱小的秦国已经配备了豪华的战车，由此可以推测东北列国的战车应该更加威风凛凛。

战国中期以后，异军突起的骑兵将曾经骁勇一时的战车与车战挤到了一个不显眼的位置，只是在偶然的机会，战车才能发挥冲锋陷阵的作用。战车仅仅限于做运送工作，运送战争中需要的粮草物资。

战车在历史上有很多不同的名称，《周礼·春官·车仆》中将战车分为：戎车、广车、阙车、革车、轻车五类，从大的方面统分为驰车和革车两大类。当代学者从战斗的性能上，将战车分为攻车和守车，前者用于攻击、冲锋陷阵，后者用于设屏障、为营垒、运辎重（军用粮草）。前者为轻车，后者为重车。

古代的战车基本上都为木制的，先秦时其形状基本一样，都是独辕、双轮。轮轴上有车箱，车箱后面有门，前面无门但有横木供车上的甲士把扶。古代攻击型战车上一般有三名甲士，按左、中、右次序排列。由于战车的形状和结构上的原因，决定了车兵不可能向前刺杀敌人，只有当双方战车相错时，才能向左、右车上的敌人进攻。左方甲士是一车之首，称为甲首或车左，持弓主射，右方甲士称车右、戎右或参乘，手持戈、矛、戟等长兵器和盾牌。车左或车右都站立在车箱前的横木后面。在横木前居中的为御，佩带刀剑，专门驾车。

商代的战车基本上是由两匹马或四匹马牵引的，车上有甲士三人，车后两侧有十五名步兵，五辆兵车为一个基本作战单位。

周代的战车多数由四匹马牵引，偶尔也有两匹马或六匹马牵引，车上有甲士三人，车后有步兵七人。

到春秋时期，战争的规模日益扩大，除车上三名车兵外，车后的步兵增加到了七十二人。

到战国以后，宗法等级制度森严，只有贵族成员才能充任车兵，他们是车

中国古代军事

战中的主力。那时战士在战场上的武器装备，是由参战者自己准备的，统治者只是给他们提供作战的机会。而且，贵族成员必须服从征战的命令，响应国君的号召，义务出征参战。

跟在车后的步兵"徒"，地位很低，由庶人或奴隶充任，他们是为配合车兵作战而存在的，他们的战斗热情不是很高，平时为车兵提供一切服务。战国以后，社会性质发生了急剧的变化，同时也改变了军队中士兵的成分。大批有一定自由身份的农民进入了军队中，加之战国实行按军功来赐予爵位，这就刺激了士兵们在战场上的战斗热情，他们慢慢担负起主力军的作用，步兵成为军队主体。

骑兵的产生、步兵在军队中作用的变化、钢铁兵器的产生、进行战争的地理条件的变化以及争夺城池战斗的变化，使车战这种形式受到致命的打击。汉武帝以后，战车在战争中的作用非常小。

战国时期的赵武灵王，为了对付不断南侵的游牧民族，于公元前307年，不顾赵国贵族官僚方面的普遍反对，组建了中原地区的第一支骑兵部队，并迫使贵族们接受了这一事实。

商周时期的战争，集中在黄河中下游的中游进行。进入春秋以后，战争的区域不断扩大。鲁昭公元年（公元前541年），晋军与北方的狄人作战时，因为受到地形的限制，笨重的战车不仅发挥不了应有的作用，反而使军队的行动受到限制。在这种情况下，晋军主将魏舒为了行进顺利毅然决定把车给毁了，变车兵为步兵，才取得了胜利。这次战争是车战走向衰落的一个明显信号。

春秋后期到战国，攻占城池成为战争的主要目的。此时步兵的优越性远远胜过车兵。

钢铁兵器的使用和强弩的产生，使得车兵手中的甲胄、盾牌难以抵挡新型兵器的射杀，士兵再也不能像过去一样驾车征战。

依据大量的考古发现，西周车兵的武器装备有远射的弓，格斗的戈、戟、矛，防护的盾、铠甲。那些陪葬有青铜兵器的贵族，生前都曾在战场上拼搏过，有的还可能是献身疆场的勇士。车兵们使用的武器基本上与商代一致，少数兵器为适应战场的需要，有一些改进。

从春秋直至战国中期，古代的车战达到极盛阶段。将近四

古代兵器

23

百年间，驷马战车的轨迹遍及中原大地，一个国家所拥有的战车的数量，已经成为该国军事实力的象征。

从《诗经》中描述的秦襄公时精良华美的战车可以看出，为了适应战车的需要，人们已经将古代车制进行了一些改进，同时也更加注重车体的外观装饰。猩红色的装饰图案，能给人以积极奋发战斗的激情，在战鼓雷鸣声中，激励着战士勇往直前，从气势上压倒对方。

春秋战国时，是战争剧烈和频繁的多事之秋。成组的车兵日趋完备，铠甲和马甲制作精细，这都适应了格斗的需要，反应了战争的激烈与残酷。

战国时期的战车士兵，要经过严格的选拔，要求奔跑速度快，身体灵巧，力量大，射术高明，各种兵器都要能娴熟地掌握。经过一段时间的训练后，车兵才能出征作战。

春秋战国以前，各国的军队还没有专职的将帅，战争时往往由国君或高级贵族担任主帅或副帅。春秋晚期以后，职业军事家相继出现，兵学成为一个专门学科，专职的将帅开始产生。秦佣坑中出土的指挥车，装饰华丽，车上有金鼓，由将领亲自擂击。这些将军俑身穿彩色鱼鳞甲，下级军官穿有彩色花边的前胸甲，头戴长冠。指挥车上的御手和车右都带有长冠，身穿铠甲。御手在秦国要经过四年的训练才能上任，这还是对一般战车的御手而言。为主帅驾车的御手要求就更加严格，他们不仅要全力以赴地驾好战车，必要时还要代替受伤的主帅击鼓，指挥战斗。指挥车上的车右，主要的职责是保护将帅的安全。

古代的车战，除选择出击的时机、有利的地形外，还必须合理的编队。先秦的战车宽度在 3 米左右，驾上战马以后的长度也在 3 米左右，笨重的战车在战场上要灵活机动地改变队形是非常困难的。为了避免敌人从间隙中突袭，车战一般采取横向密集型的编队布阵，同列的各车间，第一队与第二队之间必须保持恰当的间隔距离，过密则相互影响，过稀又不能有效地击伤敌人。古代战车的具体编队，要视在战场上的具体情况而定，将帅要依据变化了的敌情做出新的编配。古代的战车发展到战国、秦代时，已经定型，制作水平也达到新的高峰。

## （二）秦朝以来的车战和战车

　　战车并非在一夕之间就退出了战场。在秦兵马俑坑中，虽然骑兵与步兵占据了主要兵种的地位，但三个俑坑内依然还有一百三十余乘战车，驷马战车、雄赳赳的车兵还是风采依旧。秦代的车制虽然与商周一脉相承，但各部件的尺寸大小仍然有相当大的差异，一般都是增大。

　　《云梦竹简》是中国考古学史上的一项重大发现，它的内容涉及战国晚期到秦始皇三十年（公元前217年）之间政治、经济、文化、军事等各个方面，为研究那段历史提供了前所未有的丰富资料，帝国形成前那段历史逐渐被人们所了解。从秦墓的竹简上看，政府对战车的制造及维护，已经以法律的形式固定下来。制作同一种器物，其大小、长短、宽度必须相同，对制作的产品有严格的检验制度，甚至对保养车辆所用的胶、油都有规定。

　　楚汉战争时期，夏侯婴指挥的战车在战场上还发挥着很大作用。到了汉武帝时期，为了抗击北方匈奴铁骑，训练出大量的骑兵。至此，夏商以来的战车才终于走完了它两千年的历史征程。在汉代以后有大量双辕车，主要任务除了乘坐就是运军用的粮草，为了满足军事需要。真正投入战斗的双辕车则是以车为营，用于防御。西汉时的李陵、卫青，三国时的曹操、田豫，晋代的马隆，唐代的马燧，北宋的李继隆，明代的戚继光，他们都曾经将车组织为临时的营垒，以防御敌人的进攻。

　　至于唐代时出现的并用于战争的"撞车""火车"，宋代的"巷战车""塞门刀车""皮篱车"等，在战争中只是偶尔才出现，它们已经不是真正意义上的战车了。

古代兵器

# 五、乘风破浪的古代战船

## （一）古代战船登上战争舞台

水战是中国古代主要的战争形式之一，水军和骑兵、步兵、车兵一起构成了中国古代军队的四大兵种。而形式各异的战船是水军作战的必需装备，战船是用于水上作战的武器船舶，制造技术的进步和水战的发展，促进了战船形制和性能的不断改进。

在 20 世纪 70 年代，考古工作者在浙江省余姚县河姆渡新石器时代遗址中发掘出几把木桨，这是我国发现的最早船具，距今已有七千年。其后在河湖密布的浙江省又陆续发掘出一些船桨，它们或者是用一块木板稍作加工而成，或者是将稍宽的桨面和窄长的桨柄组合在一起而成，桨面的宽度在 10 厘米—26 厘米之间。当时生活在水乡的远古居民，借助独木舟一类的简单船只，扩大了他们的活动范围，增加了部落间的往来。

春秋以前的夏、商、西周，主要战场和文化中心都是在黄河流域的中原地区，这里开阔的平原和为数不多的河流湖泊，决定了战争的形式以车战和步战为主，水战几乎没有存在的可能。西周时的文献中也只有军队渡河的记载，而见不到水战的记录。

春秋之际的政治纷争导致了列国间不断地发生战争，内战的次数和规模不断升级。南方的吴国、越国、楚国和黄河下游濒临东海的齐国实力逐渐强大，为了角逐中原称霸，为了控制和拓展自己的国土，彼此之间经常以战争的手段解决争端。尤其是江南的吴、越、楚地江河密布，民用船只是他们唯一的水上交通工具。当战争频繁之时，为适应战事的需要，建立水军改装民船势在必行，几乎是在一夜之间，战船就应运而生了。

古代文献中最早的有明确纪年的一次水战，是在公元前 549 年的夏天，以楚子为统帅的楚国水军向吴国发动的战争。由于文献记载简略，这场战争的规模与结果都不太清楚。二十四年后的公元前 525 年，吴国和楚国间又发生了一场水战，司马子鱼受命率楚国水师迎战，战前他向令尹阳问卜，卜算的结果是不吉。司马子鱼不解地问："我从上游击敌为何不吉？"偏不信邪的子鱼积极备战御敌，不仅大获全胜，还俘获了吴国以余皇为名的先王之乘舟。那时，吴、越、楚之间的水战经常在江上，战术的运用已经有了相当的水平，对顺流而战和逆流而战的进攻与退守能够娴熟地掌握。

春秋时的水战已经相当频繁，冬季江河上风大水冷，为保护水军士兵的皮肤手足，吴国人使用了防止手裂的药。

北方地区只有齐军中设有水军。齐国东面是浩瀚的东海，有一年吴王夫差领兵北进，从海上攻打齐国，双方水军在海上交锋，吴军失败，吴王夫差无功而返。

吴越的战船依据船只的大小，有大翼、中翼和小翼之分。大翼宽一丈六尺，长十二丈，船上有五十名水手，三名领航员，二十一名战士，吏、仆、射长各一人，其他人员十二名，共九十一人，配备有长钩、矛、长斧、弩、箭等兵器。

东周时期的水战维持在较小的规模和范围内进行。人们对水战已经进行了理论的总结，《孙膑兵法·十阵》中列有《水战之法》。

秦始皇统一六国之后，建立了中国历史上第一个统一的封建王朝。为了维持封建帝国的安全，秦王朝的军队中既需要有适应在漠北战斗的轻车锐骑，也需要有适应江南水乡和保卫漫长的海岸线的水军和战船。特别是秦军为了统一岭南，战船更是必要的军事装备。对战船的需求，促进了造船工艺的发展，从近年来在广州市发现的一处规模巨大的秦汉时期的造船工场的遗址，可以看到当时的发展情况。在造船工场遗址发现了三个平列的造船台，还有木料加工的场地，反映出当时造船的规模和水平，也说明了秦军到达了番禺（今广州）以后，曾经赶造过大量的供军用的船只。在秦王朝军队的编制中，正式有了水军，称为"楼船之士"。

到了西汉时期，仍然沿袭着秦代的称水军为楼船之士的制度。汉朝根据地区的不同，按自然条件和生活习惯各方面的差异，选择和训练兵员。水军多来自江淮以南的水乡和齐鲁沿海一带，而且数量众多。汉代水军除了在军事技术和装备方面与步、骑、车兵不同外，在服装方面也有自己的特点，他们都头戴黄帽，所以又称为

古代兵器

"黄头郎"。这是根据五行相克的说法，认为土胜水，而黄色是土的象征，所以水军的帽子就必须用黄色了。除了从各郡征调的大量水军外，在汉王朝中央掌握的军队里，也训练有一支精锐的水军部队，即"羽林黄头"。

秦汉时期水军的发展，也是和当时造船技术的发展分不开的。根据广州发现的秦汉造船场的船台滑板推算，当时所造船的宽度在 3.6 米—8.4 米之间。再看秦代所开灵渠通船的陡门的宽度，一般在 5.5 米左右。由此看来，当时一般船的宽度可能在 5 米左右，少数大船也可能宽近 8 米。有人根据已经发现的汉代船只模型的长宽比推算，宽 5 米的船长度可能在 20 米左右，载重约 25—30 吨。可惜的是，直到目前为止我国从两汉墓葬中所获得的木质或陶质的船只模型，所模拟的都是较小的船只，所以很难勾画出当时的大型船舶的真实面貌。

### （二）古代各种类型的战船

作为水军主力船只的是楼船，因船上建楼而得名。它是以战国时期一种两层甲板的战船为基础发展起来的，形体很大，据说可高达十余丈。因为船上建楼，便于居高临下攻击敌船。因为它是水军主力，所以水军和他们的将领就都以它来命名，分别称为"楼船士"和"楼船将军"。这种大型战船可以沿近海的航道航行。

到了三国时期，战船的建造技术和形制，基本上还是沿袭着汉代的传统，只是风帆的装备较普遍了。这一时期最大的一场水上战斗，仍旧是在长江里进行的，那就是有名的赤壁之战。在这一场孙刘联军大败曹军的战役里，决定水战胜负的并不是双方的战船，而是由于东吴的主将周瑜能以己之长，击敌之短，利用火攻出奇制胜。用来突击曹军船队的纵火船是数十艘的蒙冲斗舰，它们乘风纵火突然袭击曹军船队，曹军大败。

三国时的战船，主要的作战舰种是蒙冲斗舰，曹操所得荆州刘表水军的战船，也都是这种船。

从南北朝到隋唐，水军装备的主要舰船的种类，大致和汉魏变化不大，仍是楼船、蒙冲、战舰、游艇，只增加一种左右置浮板形如鹢翅的"海鹘"，它的抗沉能力强，稳定性能好，即使在海上遇到汹涌的波涛海浪，仍然可以乘风破浪前进。

但是，有两点特别值得注意，那就是在战船的动力方面，除了利用桨帆外，出现了车船，车船是在魏晋南北朝和隋唐时期造船水平有了进一步发展的基础上，发明出来的。

车船，采用了连续转动的轮形桨，主要是用人力以脚踏动的，轮桨激水，使船前进。晋朝祖冲之设计的"千里船"，速度很快，可日行千里，可能就是一种车船，但没有留下详细的记录。到了唐代，唐太宗李世民的玄孙李皋也曾制造了有两支轮形桨的车船。

从南北朝开始，水军中配备了一种专用武器——拍竿。它是火器生产前水军使用的重型兵器，专门对付敌方大船。拍竿顶端往往系有巨石，当与敌船接近时，用以拍打敌方舰船上的防御设施，威力巨大。但对于它的具体形制和使用方法，还不是很清楚。早期的拍竿十分笨重，操作颇为困难，实战中拍击一次后，很难再次使用。虽然如此，还是因其威力而广为使用。拍竿在北宋有了新的变化。北宋末年杨幺在洞庭湖发起了大规模的农民起义，起义军生产出大批装有拍竿的高速车船，用这种车船与官军作战时屡屡获胜。这种拍竿能在较短的时间内连续使用，给对方舰船以沉重地打击。

### （三）古代战船生产的黄金时期

宋代是中国造船业发展的繁荣时期，内河中航行的战船有了进一步的创新，海上行驶更是获得了长足的进步。

北宋时期政府专门设立了造船机构，负责生产各类船舶，全国的年生产量达六七百艘，并专门制定了整修战船的规章制度，使战船的制造技术和管理更加科学化。这时，水战的规模越来越大。

宋代的航海业比较发达，在科学技术推广中最重要的一项是使用了指南针导航。当时的所有航海战船和民用船舶上都安装有指南针，船舶上的导航员依靠指南针，确定航行方向，这个先进的发明保证了船舶可以全天候工作。

指南针是我国古代四大发明之一，它是由

古代的辨认方向的司南发展而来的，传说司南是轩辕黄帝发明的。战国时司南已被用在日常生活中，东汉司南的形制像一个圆底勺子，把它放在刻有方位而又光滑的地盘上，其柄可以指南。但由于用天然磁石制作司南时，常因受打磨而失磁，所以司南的磁性不强，限制了司南指示方向时的精确性。北宋初期是继汉唐盛世后，中国古代社会又一个繁荣富强的时期，人们在人工磁化和使用磁针的方法上有了新的突破，发明出真正意义上的指南针。

北宋时人们已经学会了制造人工磁体。制造人工磁体的方法有两种：一种是把铁片剪成鱼形，放在火里烧红，趁热夹出，顺南北方向放在地面上，冷却后铁片因受到地磁感应而带有了磁性；另一种方法是把钢针放在磁石上摩擦，因传磁而使钢针上带有磁性。北宋有四种不同的针形指南针。指南针一经发明，便很快用于舟船导航。航海事业的发展，促进了中外海上通道文化交流的繁荣。12世纪以后，指南针传到了阿拉伯世界和欧洲，推动了世界航海业的进一步发展。

宋代内河战船的突出成就表现在车船的普遍使用和新型船型的涌现上。宋代新出现的船型有：多桨船、无底船、海船、海鹘战船等。

多桨船是一种中型快速战船，南宋时创制。船首尾尖，便于破浪前进；船底平阔，适应范围广，无论是内河还是出海，均可迎敌。它长8.3丈，宽2丈，用四十二桨，可容二百名水兵乘行。

无底船是小型战船，当中无底，近敌作战时，故意诱敌跳进自己的战船，使敌人落水而死。公元1272年，张贵一次就制作了这种战船百余艘。

宋代的海船均为木帆船，有平底方尾的沙船和乌船，也有尖底尖首的福船。福船因产于福建而得名，它尖底、尖头、方尾，底部设单龙骨，利于深海破浪，是古代最先进的深海远航木帆船。

海鹘战船是南宋初的一种攻击型战船，两舷有铁板以加强防护，船首有锋利的铁质尖刺，船体长10丈，共十一个舱，可载水兵一百人，水手四十余人，是记载中最早使用金属材料造的船。

明代是古代造船技术和航海事业发展的高峰阶段，在宋元海船制造技术的基础上，以沙船和福船为基本船型，设计制造出一批新型战船。

明代中央政府设工部和内府监局，主管全国的兵器生产。都、水、清、史司是工部的四个职能司之一，负责战车、战船的生产工作。当时造船工场遍布全国，南京成为全国的造船中心。宣德年间的南京新江口造船场，船的年产量达三百一十九艘，至嘉靖时期，年产量达四百余艘。南京市三叉河的中堡村，相传是明代的宝船场遗址，考古工作者先后在这里发现11.07米的大舵杆和一些船上的设备、构件。

宋明时期出现压舱技术，大型龙舟用几十万斤的铁锭压舱；四层高的福船，最下面一层用土石压舱。压舱的目的，是使船舶重心下移，增强航行时的稳定性。

古代水军训练中，对士兵的水性训练十分严格，多招募沿江沿海地区的水上人家子弟当兵。南宋镇江知府赵善湘训练水兵时，常沉黄金于江，让五百名水兵潜水探寻，谁捞取的黄金归谁。久而久之，训练出的水兵，能在水底潜行数里。南宋抗金名将刘琦屯驻扬州时，就曾让水兵潜入水下，凿沉金兵满载而来的运粮船。

像其他兵器一样，明代战船的种类也比较繁多，战船的型号有福船、广船、沙船、鹰船、两头船、火龙船、子母舟、连环舟等。

两头船是明代航速最快的船，属快艇类战船，船的两端各置一舵，进退自如。

明代专用于纵火的战船有火龙船、赤龙船、连环舟及子母舟。子母舟是一种威力巨大的水上爆破船，母船后部只设两边帮板，腹内藏一小舟。母船舱内装满火药及纵火器材，前面装有狼牙钉。作战时用钩拒搭住敌船，拴上缆索，然后点火燃烧母船，引敌船起火，自己船上的士兵乘小舟而归。

南宋末年，元军占领了中原地区，在元军的追赶下，陆秀夫、张世杰保护着年幼的卫王逃亡海上，集合了最后一支官军，用船只在海上安营设寨。虽然是处于末期的宋代水军，但巨型战船仍有千余艘，可以想象在强盛时期宋朝水军战船是非常多的。张世杰抛锚海上，大船居中，小船在外，彼此用绳索相连。元军发动水兵攻打，放火焚烧，竟不能使船寨有丝毫损伤。元军改变战术，围困船寨达半个月，最后才在浓雾风雨的掩护下，攻克了船寨，张世杰沉船身亡，陆秀夫背卫王投海自尽。

明代中期，抗倭名将俞大猷和戚继光都曾率领强大的水军，在沿海与进犯的倭寇进行海战，取得了多次胜利，基本上平定了东南沿海的倭患。戚家军是一支能征善战的军队，戚继光出身于将门，是明代杰出的军事家。他严格治军，总结出获取海战胜利的两个必要条件：一是制造高大坚固的战船；二是在作战中尽可能应用火器，靠火攻取胜。

第一支航行远洋的中国海军船队，于1405年由宦官郑和统领组成。第一次远洋船队有各种舰船200余艘，仅大型"宝船"就有62艘，共载士卒2.75余万人。宝船是舰队的主力船舶，长约150米，宽约57米，舵杆长约11米，有12帆，船上可乘1000名乘客，它是当时世界上最大的木制风帆海船。郑和前后七次历时二十八年的下西洋远航，不仅是封建社会造船和航海事业高峰的标志，也是水军史上最壮观的航行。

宋代以后的战船上除装备各种冷兵器外，还大量地配备了火器。如专用于射烧敌人船帆的有刺火箭和喷筒、管状火炮，还有一种用手掷的引火器火飞抓，扔出去以后，可以扎在敌方船、人身上，焚烧敌人的船只和士兵。还有一种非常巧妙而有效的、专门破坏敌方船体的水老鸦，也是一种火器。

水军中有一种必不可少的冷兵器钩拒，相传是春秋时鲁班发明的，是为双方船近战而设计的。柄为竹子做的，长一丈五尺，顶端有弯曲的铁刃，可将敌船推开，也可将敌船钩住，铁刃可钩割敌船上的绳索，破坏船篷、船板、船帆。几支钩拒同时发力，还可以钩翻敌船，是一种攻守兼备的冷兵器。

明末清初的战船，在世界上仍是最先进的。清初民族英雄郑成功是位杰出的军事家，他以厦门、金门为根据地，训练出一支纪律严明、兵锐将勇的水陆军队。他拒绝了清廷的多方劝诱，屡胜清军，威震东南沿海。在收复被荷兰占领达三十八年之久的台湾时，率2.5万余人，三百五十艘大小舰船，出奇制胜，一举光复台湾，维护了祖国的统一。

清代中后期，政府实行了海禁和闭关锁国的保守政策，此举不仅阻碍了航海业的进一步繁荣，也导致了千余年独步世界的领先的造船术陷于停滞不前的状态。与此同时，原本落后于中国的西方造船业，随着近代工业革命的产生和殖民政策的推行，却很快地完成了战舰装备火器化，动力装备蒸汽化和船体结构军事化的巨大飞跃。

# 六、威力无比的古代枪炮

## （一）火药初露锋芒

宋代初期，火药开始在战场上出现，这标志着人类战争史上火器与冷兵器并用时代的开始。北宋时期，正是中国古代火器的创制与冷兵器继续发展的时期，由于统一战争和边防的改善需要，建立了一个以东京（今河南省开封市）为中心的全国兵器制造体系，大量制造兵器。由于朝廷的鼓励，各地开始纷纷创制火器。

说到火器的发明和使用，首先要谈到火药的发明。古代火药以硝石、硫磺、木炭或其他可燃物为主要成分，其混合物点火后能迅速燃烧或爆炸。它是中国古代的四大发明之一，对于世界文明的发展起到了重大作用。

火药是现代黑火药的前身，它的三种主要成分是硝石（硝酸钾）、硫磺和木炭，按比例将上述三种粉末混合在一起，就成为火药。对合成火药的这三种成分的认识，是比较早的，除了木炭外，硝石和硫磺早就被列入药物类。在汉代成书的《神农本草经》中已把它们分别列入上品药和中品药了，至于对它们的进一步认识和将它们组合在一起的实验，则是和炼丹术的发展分不开的。

秦汉时期，封建皇帝为了长久保持他一个人的统治地位，多祈求长生，尤其以秦始皇和汉武帝最为迷信，一直在寻求长生不老之药。由于最高统治者的追求和提倡，于是炼制长生不老仙药的方术——炼丹术逐渐发展起来。以后经东西两晋南北朝直到唐代，炼丹家的活动持续不断，在获得长生的仙丹和掌握炼金术等欲望的驱使下，他们大胆地进行各种实验，虽然成仙的幻想终成为泡影，但在这个过程中却发明了火药。在炼制丹药时意外事件常常发生，往往被涂上神奇荒诞的色彩。因为这种药料能够发火，所以得到火药的名称。

火药用于兵器并投入实战，大约始于唐代末年，当时使用火药只是作为传统火攻战术的一种手段，利用火药燃烧性能去改进传统的火攻兵器，造成新

型的火箭、火炮等兵器。但是关于这一点，还只是根据一些文献中不是很明确的记载进行的推测。一般认为唐德宗时李希烈的部下用方士的计策，烧毁了刘洽的站棚等防御设施是利用了火药兵器。在北宋初年军队中已经装备使用火药的兵器，宋太祖开宝八年（975年）灭南唐时，使用过用弓弩发射的火箭和火炮，正是因为改用装有火药的弹丸来代替石弹，于是从原来的"砲"字改为"炮"字了。以后不断有关于制造火药兵器的记录。然而最完备的还是《五经总要》中关于火器和火药配方的记载。

早期的火药兵器属于传统的火攻纵火兵器的范畴，有比较轻便的用弓弩发射的火箭，将原用的油脂等燃烧物质改换成火药筒，所装火药的轻重以弓力为准，当箭射中目标后可引起燃烧；还有采用内装火药的圆形炮弹和用竹子做芯，外面裹薄磁片和火药制成的"霹雳火球"，可爆出雷鸣般的巨响。

### （二）力量强大的古代火枪

火枪，是对古代喷射和射击性管状火器的统称。随着岁月的流逝，它们自身也不断获得改进，其名称也因时代的不同而有所不同。宋代称它们为"火枪""突火筒"，元朝和明朝初称"火铳""火筒"，明代晚期和清代又称"鸟铳""鸟枪"。它们的出现，是中国古代兵器发展历程上一个划时代的变化，标志着一个崭新的、热兵器时代的来临。从此，在激烈厮杀的古代战场上，不仅有刀光剑影的金属撞击声，还增添了弥漫着的硝烟与枪炮的震天吼响。

大约为公元950年绘制的敦煌莫高窟彩色绢画上的火枪图案，是我们见到的中国最早的火枪。据李约瑟和鲁桂真两位博士的研究，这幅名为《降魔变》的绢画，绘制的是释迦牟尼成佛前大破魔王波旬的故事。画面上的魔王手持一把火枪，在长筒形的金属器筒内，装着火药、金属弹丸和碎磁，点燃后，它们随着火焰喷射而出。

在南宋出现突火枪等管形射击火器的雏形以后，经过不断改进，以钢铁制造的火铳终于走上了历史的舞台，这大约发生于元末。火铳的制作和应用原理

中国古代军事

是将火药装在管型金属器具内，利用火药点燃后产生的推力发射弹丸。它具有比以往任何兵器都大的杀伤力，实际上这正是后代枪械的最初形态。

元朝末年，金属管型射击火器的使用已较多。元代铜火铳已形成规范的形制，一般都是由身管、药室和尾銎三部分组成。由于以铜铸的管壁能耐较大的膛压，可装填较多的火药和较重的弹丸，又因它使用寿命长，能反复装填发射，故在发明不久便成为军队的重要兵器装备。

元末明初，火铳已是元军和农民起义军都使用的主要兵器之一。特别是明太祖朱元璋在重新统一中国的战争中，较多地使用了火铳作战，在实战中不断地对火铳进行技术改进，到开国之初的洪武年间，铜火铳的制造达到鼎盛时期，结构更趋合理，形成比较规范的形制，制作数量也大为提高。

观察从北京、河北、内蒙古和山西等地出土的洪武年间制造的铜火铳，可以看出其形制比较规范，大致是前有细长的直体铳管，后接椭圆球状药室。

火枪出现后，以其灵巧、轻便、威力大的优点，迅速地获得了普及。截止南宋，初级阶段的火枪，都是将毒火药、铁渣、瓷片等装进用竹或纸做成的筒内，外接引火索，战斗时靠点燃导火索，将筒内物喷射到敌人身上或建筑物上。南宋之际，金人的飞火枪和宋人的梨花枪是将上述的药筒绑在长枪头上，形成可刺、可喷射的双用枪。金人的飞火枪用黄纸十六层卷成药筒，长二尺，筒内装柳炭、铁渣、瓷片、硫磺、砒霜，用绳系在枪端，作战时用火点燃，它既能喷火，又能喷射铁渣或毒药，喷射后长枪仍能和普通枪一样刺杀敌人。

南宋时在梨花枪的基础上又新创造出一种射击型的火枪——突火枪。1259年，在安徽寿县发明出这种射击型的管状火器，与火药同装在竹筒内的是用小铁丸制作的散装子弹。它被装备在军队中，在抗金、抗元的战斗中得到广泛应用。与此同时，还生产出一种用短而粗的竹筒制造成的类似突火枪的火筒。于是，学者们认为，突火枪与火筒是近代射击型武器枪和炮的始祖。

明代火枪发展极快，无论是品种、数量、性能，还是技术都大大超过前代，达到我国古代火器生产的鼎盛阶段，这主要是由于火药性能的提高和制造技术的进步。在16世纪中叶，出现了一种轻型管状射击火器，是小型而轻便的火铳，又称鸟枪。因其可以在三十步之内击中鸟雀，故名鸟枪。鸟枪由枪身和枪床两大部分构成，枪床长约5尺—7尺，后部有弯曲的把手，枪身用熟铁锻造而成，长约3尺。

### （三）力量巨大的火炮

用竹或纸制成的药筒作战时容易燃烧或炸裂。从元代起，古代的兵器专家将它们改制成铜或铁的金属筒，克服了这种弊端。筒粗大者称为炮，它由前膛、

药室、尾銎三部分构成，内装火药，发射石弹、铅弹和铁弹。金兵将领郭蛤蟆在金朝已宣布灭亡后仍不投降，坚守孤城，把能搜罗到的金银铜铁全部集中起来，铸成火炮攻击来犯之敌。但是枪和炮发展为两个系列是在从明朝开始的。

明朝洪武年间的火铳，其形体细长，重量较轻，应是单兵使用的轻型火器，亦可称手铳。明洪武年间还有一类口径、体积都较大的火铳，也称碗口铳。洪武年间制造的手铳和碗口铳，正是直接继承了元代火铳的形制发展而成，轻重有别，后来很快发展成枪、炮两个系列。

洪武初年，火铳由各卫所制造，明成祖朱棣称帝后，为加强中央集权和对武器装备的控制，将火铳的制造重新改归朝廷统一监制。早在洪武十三年（1380年），明政府就成立了专门制造兵器的军器局，洪武末年又成立了兵仗局，永乐年间的火铳便由这两个局主持制造。永乐年间的火铳制造数量和品种都比洪武期间有了更大的增长，同时提高了质量，改进了结构，使之在战斗中能发挥更大的威力。

从明初开始，军队中普遍装备和使用各式火铳。根据史书记载，洪武十三年（1380年）规定，在各地卫所驻军中，按编制总数的十分之一装备火铳。洪武二十六年（1393年）规定，在水军每艘海运船上装备碗口铳四门、火枪二十支、火攻箭和神机箭二十支。到永乐年间，又创立了专门习枪炮的神机营，成为中国最早专用火器的新兵种。明代各地的城关和要隘，也逐步装备了火铳。洪武二十年（1387年），在云南的金齿、楚雄、品甸等地，也配置了火铳加强守备。永乐十年（1412年）和二十年（1422年），明成祖先后令在北京北部的

中国古代军事

北平、宣府、大同等处城池要塞架设炮架，备以火铳。到了嘉靖年间，北方长城沿线要隘几乎全部构筑了安置碗口铳的防御设施。火铳的大量使用，标志着明代火器的威力已发展到一个较高的水平。但是当时使用的火铳，还存在一些难以克服的缺陷，主要有装填时间长，发射速度慢，射击不准等，因此它只能部分地取代冷兵器。所以在明军的装备中，冷兵器仍占重要的地位。

明代后期有一种著名的炮型，它是从外国传入并被仿造的弗朗机炮。明代人称西班牙人、葡萄牙人为弗朗机人，故称他们的火炮为弗朗机炮，也简称为弗朗机。明代人仿制弗朗机形制，生产出五种新式弗朗机，它们是弗朗机铳、万盛弗朗机、马上弗朗机、拐子铳、百出先锋弗朗机。

标准的弗朗机炮是种重型火炮，用铜铸造，身长五六尺，大的重一千多斤，腹部膨大，留有长口，炮身外面用木包住，并加上防止炮身炸裂的铁箍；另有子炮 5 门，在子炮内装填弹药，轮流安在炮身腹部的长口内发射，射程可达百余丈。这种炮的特点是母炮和子炮分离，是后装炮的一种形式，炮身前有照星，后有照门，不仅提高了命中率，还加快了单门炮发射炮弹的射速。人们对这种火炮十分珍爱，称其为"将军""大将军""夺门将军"，被广泛应用在攻城战斗中。

在弗朗机式火炮传入我国之前，明代主要盛行的是铜铁类的金属火炮，但也有少数的炮是用竹或木制作的。现在最早的铁火炮是明洪武十年（公元 1377年）的将军炮，炮身粗短，上有三道铁箍，通长 100 厘米，口径 21 厘米，尾长10 厘米。在此之后，为了克服前期火炮笨重和每次只能发射一枚炮弹的不利因素，明初还研制出大碗口筒一类的火炮，两头可以同时装填火药和弹丸，一头发射后可掉转炮筒发射另一端。明武宗正德年间又生产出分次轮流连续装药和弹丸的后装火炮，因而加快了射速。其后为便于移动炮位，增加火炮的机动性，发明了用人力或畜力牵引的双轮、三轮、四轮火炮。

明代末年郑成功军中的铜炮十分庞大，重达万斤，炮身长一丈，发射的炮弹每颗重二十四斤，射程可达两千米以上。这种号称"大将军"的巨炮，在收复被荷兰殖民者侵占达三十八年之久的台湾时，发挥了巨大的作用。郑成功率领 2.5 万余名将士，乘数百艘大小舰船，从金门的料罗湾出发，经澎湖，在鹿耳门登上台湾岛。

古代兵器

登陆后，郑成功的军队长期围困防御坚固的首府台湾城，并大败外地增援而来的荷军，迫使荷兰驻台湾总督升起白旗，在投降书上签字，结束了长达三十八年的殖民统治，维护了领土的完整和中华民族的尊严。

明代的各式火器种类达近百种，到了清代，火器形制趋向单一，多数的火炮呈前瘦后胖的筒体，炮身中部有双耳，尾部有球冠，装有炮车炮架。鸦片战争后古代火炮逐渐被近代火炮取代。

中国古代火炮发射的弹丸，有石弹、铅弹、铁弹、爆炸弹，它们多数为实心圆形，少数是实心长弹或空心的爆炸弹。

我国不仅是世界上火药发明最早的国家，也是最早将火药用于战争的国家，而且还是最早使用爆炸类火器和管状火器的国家。可是，火器始终没有主导古代战争，也没有改变战争方式。尤其是在清朝统一全国之后，这些先进的科学成果没有得到重视。清朝很少制造大炮，古老的冷兵器仍在战场上唱主角。直到鸦片战争爆发时，清军中仍是以矛、弓冷兵器为御敌的主要武器，火炮寥寥无几。

鸦片战争的炮声，打破了清朝天朝上国的美梦，在西方的坚船利炮面前不断受到挫败，清朝统治者才意识到侵略者枪炮的威力。19世纪60年代清朝统治阶级上层中的一部分官僚士大夫掀起了一场长达三十年之久的洋务运动，在洋务运动中，李鸿章于1865年兴办江南制造总局，标志着近代中国兵器的诞生。

中国古代军事

# 古代军制

军制，又称"兵制"。中国古代军制是历代最高统治阶层建立的一整套有关军事的制度，能够组织、管理、使用、发展和储备军事力量。从夏朝到清朝，中国军制随着经济的发展和政治制度的变化，经历了由简单到复杂、由低级到高级的发展演变。其主要内容包括以下几个方面：军事体制，军队编制，士卒训练，职官兵役，军队调发，战时指挥，粮饷兵器，马政保障等。

# 一、夏、商、周军制

## （一）夏朝军制

夏朝是我国第一个世袭王朝，关于夏朝的军制虽然现存的史料很少，但有限的文献和考古资料表明，它是中国奴隶制社会时期军制的开端。这一时代，

在国家已经形成的同时，军队也随之产生，它建立了战时军队编组和奖惩制度。

夏王朝原本是脱胎于氏族社会的部落联盟，掌握国家政权的夏后氏只是众多部落中力量最强大者，处于天下"共王"的地位。夏后氏建立以奴隶贵族为骨干、"众"（平民）为基础的国家军队赖以"守邦"。被夏后氏征服和承认其共主地位的各部落作为政治实体而存在，有各自的武装组织，有应召出征的义务。作战时夏王根据需要，或征集间接统治地区的"众"，或同时征召直接统治区以外的异姓部落出战，夏王朝实行兵农合一的制度，即居则为民、战则为兵。《左传·哀公元年》关于夏王少康以"有田一成，有众一旅"复国的记载，有的学者据此认为"旅"为军队兵员建制单位。有学者认为，夏朝军队按氏族部落的生产生活组织，以十进制编成，夏王为最高统帅。夏启灭有扈氏的甘之战中，所辖"六事之人"，亦称"六卿"，当是分工不同的六个奴隶主贵族首领，他们平时治理民事，战时担任作战指挥。

## （二）商朝军制

商朝是中国历史上的第二个奴隶制朝代，从公元前 1600 年 - 公元前 1046 年，前后相传 17 世 31 王，延续 600 年时间。商朝处于奴隶制的鼎盛时期，奴隶主贵族是统治阶级，形成了庞大的官僚统治机构和军队。

商朝军制已完全脱离原始形态，逐渐趋于完备，是中国奴隶社会军事制度

形成和发展的重要阶段。这一时期奴隶的大量使用和生产工具、技术的改进，促使社会经济持续发展，国家机器不断强化，军队及其军事制度也得到了长足的发展。商朝武装力量主要由王室军队、诸侯国军队和贵族武装构成。

根据甲骨文记载，商朝以商王为最高军事统帅，以贵族大臣和方国首领为高级军事将领。商军出现了"师"的编制单位，各级贵族的武装，当是按照氏族组织的"十进制"编成。商朝军队中的甲士和步卒，来自下层贵族和具有来自山民身份的"众"，军中杂役由奴隶充任。建立了"登人""登众"的兵役、动员制度和以射、御、田猎为内容形式的训练制度。军队分车兵和徒卒，以车兵为主，主要装备是畜力驾挽的战车。

商朝后期，王室常因战争需要而驱使称之为"多臣"的奴隶参战，但他们并不是编入师、旅的国家军队成员。商朝前、中期，军队的兵员大体实行临战征集制。商朝后期，不再见有"双人"的卜辞，这可能是随着战争和军队组织的发展，征集兵员开始由临战征集向固定兵员的方式转变，或平时预定军籍，明确编制和隶属关系，战时按编征集，一般战争无须临时大量征兵。大量田猎活动的卜辞表明，商朝田猎的主要目的是进行军事训练，商王对田猎活动十分重视，多是亲自参加，或者命贵族大臣率领。田猎和实战一样，要"登人"，任命官员，告祭祖先，动用包括车马在内的军事装备和兵器，有组织编制，运用战阵和战术，务求好的战果。商朝后期，田猎与征伐往往密不可分，多于田猎行军途中进行征伐，有时还俘虏到敌人。随着战争的频繁和规模的扩大，王室军队进一步加强。在各诸侯、方国中，有的已被商王朝征服而为臣属，如犬、鬼、周、卢、羊等，其军队要听从商王调遣，或单独出征，或戍守边地；有些叛服无常，如危方、鬼方、人方等，臣服时其军队为王室军队辅助力墩，反叛时便成为敌对力量。各级奴隶主贵族拥有自己的族武装，卜辞中常有"多户族""三族""五族"奉卜命出征或戍守的记载，说明贵族武装在商朝的军事活动中有重要地位。以商王为首的奴隶主贵族，集政治、军事权于一体，平时治民，战时领兵，商王是军队的最高统帅，掌握着组建王室军队、任命军将、定夺方略、号令出征、赏罚的大权，有时也亲自率军出征。

古代军制

商朝兵种有步兵和车兵，商朝前期步兵是主要兵种。商朝实行严刑酷罚，强调"师惟律用"，军队必须严守军纪。《尚书·汤誓》记商汤伐桀时，要求参战者恪守誓言，违反者将被罚为奴隶，决不宽恕。

木制战车是商朝军队的重要装备。殷墟等地出土的实物表明，战车有统一形制，牵引车的马饰有铜质当卢、铜泡等。青铜兵器由官府组织生产，用于格斗的有戈、矛、刀、锻等，用于远射的有弓矢，用于防护的装具有铜胄、皮甲和干盾。安阳侯家庄1004号墓出土70捆铜矛，每捆10支，反映出当时国家对武器的储存、管理有一定制度。王室军队的军需物资，实行王国内生产和诸侯贡纳相结合，由国家统一供给的制度，郑州商城、安阳殷墟有大规模冶铸作坊，出土大量陶范和青铜兵器，说明重要的手工工场掌握在王室和大贵族手中，既生产民品，又生产军品。据考古发掘和甲骨文记载，商王朝在各地设有储存粮食的仓库以充民用和军需。军事物资的运输以畜力和船只为重要工具，各地建有驿站馆舍，卜辞记载，边境军情报告定程传送，千里之遥的边报于二三日即到达王都。

### （三）周代军制

西周是中国奴隶社会的全盛时期，开辟了比商代更为辽阔的疆域，实施分封制。天子领地的面积是诸侯国领地面积的几十倍甚至上百倍，所以天子在政治、经济、军事以及思想文化上都对诸侯有着强大的支配力量。

西周军制比夏、商有了更大发展，周朝的统治者深深懂得掌握武装力量的重要性，为了确保对大大小小同姓、异姓诸侯国的统治，建立了严格的军制，中央常备军力量扩大，拥有"西六师""成周八师"和"殷八师"，共二十二个师。"礼乐征伐自天子出"，各诸侯国和一些贵族大臣虽有少量军队，但要听从周王统一调遣，周天子实际上是全国军队的最高统帅。按照周朝军制的规定，一万二千五百人为一军，周天子有六军，大诸侯国有三军，中等的诸侯国有二军，小国则只有一军，由元帅统帅，又设司马作管理和监军一职以节制。对于各诸侯国武装力量的规模有明确的控制，以此保证王室对于诸侯的军事优势。

中国古代军事

西周建立了以天子为中心的一元化军事领导体制，分封制度是这一体制得以建立的社会基础，强大的王室军队是这一体制的支柱，而天子掌握组建和指挥诸侯国军队的权力以及通过各级司马控制全国军队，则是建立这一体制的重要条件和标志。西周一元化军事领导体制的建立，说明奴隶制的军制在周代得到了更加充分的发展。周室东迁以后，王权衰落，军队领导体制的一元化宣告瓦解，军权由一元变为多元，形成了诸侯割据和争霸的历史局面。

## 二、春秋战国军制

### （一）春秋军制

    春秋时期（公元前770—公元前476年），属于东周的一个时期。春秋时代周王势力减弱，诸侯群雄纷争，出现齐桓公、晋文公、宋襄公、秦穆公、楚庄王"春秋五霸"。以争霸为主要内容的战争此起彼伏，在社会变革与战争的交相推动下，军事制度也发生了相应的变化。

    军事领导体制：周王室日渐衰落，封国的实力则日益膨胀，致使"礼乐征伐自天子出"变为"自诸侯出"和"自大夫出"（《论语·季氏》）。各诸侯国打破西周时的限制，纷纷扩充军队，不断强化军事力量。周天子册命诸侯之卿的形式虽在，但仅具"尊王"的象征意义。各国君主在军事上逐步摆脱周天子控制，拥有谋略决策、任命将佐、发兵出征的最高军权，并常亲自统兵作战。列国之中，几个发展较快的大国相继争霸，迫使中小国家出兵从征、贡纳军赋、参加盟会。中期以后，各国君主的最高军权已逐渐旁落于卿大夫手中。

晋国，中军帅执掌国政成为惯例，"军"的建置数量出于卿大夫的权力分配，形成强卿握军权的局面。鲁国，季孙氏、叔孙氏、孟孙氏亦先后"三分公室""四分公室"，将公室军权夺入己手。齐国军权最终为陈氏所独揽。其他国家也呈相似情形。卿大夫既执掌政务，也率领军队。齐国三军，由齐君及"命卿"国子、高子各率一军。晋国"军将皆命卿"，各军将、佐由卿担任，正卿为中军元帅，指挥全军。宋国由大司马统兵作战，其地位仅次于执政的右师。楚国中军将则不固定，或为执政的令尹，或为大司马，或为地位较高的大夫。

    春秋前期多数诸侯国以正卿任最高军职，后期则因时因情而异。除宋、楚等国司马可领军以外，各国所设司马以管理军政、军赋为本职。如晋国司马设于军中，有"中军司马""上军司马"，既掌军赋，又主军法。楚国大司马平时

中国古代军事

主管军赋，其下有左、右司马，也执行军法事务。春秋末期，随着战争规模的扩大、作战方式的复杂及士阶层的兴起，出现了专任高级武官的"将军"，如齐国司马穰苴、吴国孙武等。这表明文武已开始分职。

武装力量体制：春秋武装力量基本上沿袭西周体制，但变化很大。周王室军队仍由周天子掌握，从王国中征集贵族和自由民补充，参加对外征战，但力量渐弱，地位下降，活跃于战争舞台的主要是诸侯国武装，包括公室军、地方军、私属军和禁卫军四部分。公室军队由国君直接控制，多建于西周诸侯受封立国时，进入春秋时期后得到更大发展，成为国家军队的主力，担负着对外作战的任务。齐桓公首创霸业，依靠的就是改制后建立的公室三军。公室军队仍沿袭西周旧制，以贵族成员为骨干，以"国人"为主体组编而成。春秋后期伴随军权下移，公室军队力量削弱，以致"公乘无人，卒列无长"（《左传·昭公三年》），有的则被卿大夫瓜分。

春秋中期以后，由于战争扩大的需要，加之军赋制度改革，"野人"可以当兵，初期仅在少数国家出现的都邑地方兵在各国普遍建立起来。据《左传》《国语》记载，晋有东阳、焦、瑕、温、原之师。齐在高唐、渠丘等地建有地方武装。楚有申、息之师，许、叶之师。后起的吴、越两国，边鄙之地也有地方兵。它们有的属于国君，有的根据作战的需要，各自建立了舟师。楚军有"陵师"（陆军）、"舟师"（水军）之别。周灵王二十三年（公元前549年），楚国用舟师攻打吴国，是所见用舟师作战的最早记载。此后，吴、楚之间，吴、越之间，常在内河用舟师作战，如长岸之战、笠泽之战等。周敬王三十五年（公元前485年），吴国徐承率舟师从海上攻齐，开创舟师出海作战的先例。此外，在北方草原地区的少数民族中已有骑兵。

军队组织编制：春秋时期，出现了作为军队最高单位的"军"的建制。多数大国都编为上、中、下或左、中、右三军。只有晋国军队改编频繁，从一军、二军发展到三军以上，最高时达六军。中等以下国家只有二军或一军，每军员额并不固定，军以下编制各国亦不尽同。大体上晋国实行《周礼》所说的军、师、旅、卒、两、伍六级编制；齐国按《国语·齐语》所载的5人为伍、50人为小戎、200人为卒、2000人为旅、万人为军五级编成。

这种军队的编制系统又与居民的行政组织系统相对应，以便于训练、管理和作战。车乘士徒的编制处于变化之中，春秋前期基本上实行"革车一乘，士十人，徒二十人"，一乘之中又配徒役 25 人，按五人为伍、五伍一两、四两一卒编成。战车以"乘"为初级建制单位，其上有偏、两（或卒）的编制系列，战车最高编制单位有 125 乘之说。独立步兵的编制，当与战车徒兵的伍、两、卒的编制有医承关系。

兵役制度：春秋前期国、野界限依然存在，服兵役、纳军赋仍是"国人"即奴隶主和平民的权利和义务。中期以后由于战争不断扩大，对兵员、军赋的需求增加，促使各国改革兵役制度。

周襄王七年（公元前 645 年），晋国"作爰田"的同时"作州兵"，打破国、野界限，开创"野人"当兵的先例。此后，鲁、郑、楚等国相继在改革田制的基础上，"作丘甲""作丘赋""量人修赋"，将征兵、征赋范围扩大到野鄙地区。丘役之制逐渐普及于各国，"野"中居民也必须按井田制出兵、纳赋。服兵役的年龄，"国"中居民为 18—60 岁，"野中居民为 15—65 岁。春秋末期井田制日趋瓦解，军赋再次扩征，鲁国始用"田赋"，晋国六卿也实行"田赋"制，即按田亩数量征兵、征赋，其对象主要是广大农民。生活在军事组织与地方行政组织相结合制度下的农民，平时生产和参加军事训练，战时聚集成军，在太庙命将，发放车马、甲胄、兵器，战毕解甲归田，保留着寓兵于农的传统。中小以上贵族充任甲士，他们一般不参加生产劳动，平时身佩兵器从事习武和各种军事活动或参与政务，战时则为军队骨干并充任各级军职。

军训制度和军事法：春秋前期，对农民中成年男子的普遍训练仍然沿袭田猎习兵的制度，每季农闲进行，春振旅、夏麦舍、秋治兵、冬大阅，以冬训为主，突出军事演习和检阅的内容。每逢重大政治军事行动，则临时举行大冤、大阅、治兵，多是纯粹的军事演习和检阅。贵族子弟及"国人"中的士，须在"小学""大学"中接受武德（礼、乐）与武艺（射、御）的教育，并参加"射礼"等竞技活动，培养车战所需要的军事技能。春秋后期，晋国军队已有了对射、御、勇士、车徒协同等进行分科训练的规定，并分别设官掌管，楚、吴、越等国也开始对士兵进行专门军事训练。春秋时期，与军事密切相关的立法，逐步向成文法方向发展，产生了一些军事法规条文。据《左传》《国语》载，楚国"仆区之法""茅门之法"，郑国子产所铸"刑书"、邓析所作"竹刑"，皆有军事法的内容。晋国以法治军更为突出，经常在"大蒐"的军事活动中制定和颁布军法，如文公蒐于被庐，为"被庐之法"；襄公蒐于夷，制定"夷之法"，为晋国常法。其后，据"夷之法"而成"刑书"，又将"刑书"铸于"刑鼎"，始有成文法的颁布。同时以司马主管军法，坚持"军事无犯，犯而不隐"（《国语·晋语五》）的执法原则，既有战前对军纪的整肃，又有战中、战后对违令犯法者的严厉处置。

武器装备及后勤保障制度：军队的装备主要是战车及青铜兵器。战车形制有所革新，主要是轨宽减小，车辕渐短，辐条增多，以利于快速行进。青铜兵器质量提高，杀伤力增强，仍分为近攻、远射、卫体三大类，主要有戈、矛、戟、弓箭、甲、胄、盾等，形制大体统一。春秋晚期，楚、吴、越等国已创制具有更大射程的弩，吴、越所铸利剑也用于兵阵攻杀，此外还出现用于瞭望的巢车。武器装备的费用由军赋提供，制造由诸侯、卿大夫掌握的手工作坊进行，平时收藏于兵库，设专职人员管理，战时发放，战毕收回，禁止私藏。

军队后勤保障主要是粮草供给。战时士卒携带数日口粮，称为"裹粮"，并有随行辎重车辆及后勤人员实施保障。部队到达某城邑或诸侯国时，则就地取给。各地平时皆储存粮食，既供民用也供军需，是就地补给的基本来源。春秋后期随着战争时间延长和作战纵深的加大，"因粮于敌"成为重要的补给方式。

春秋军事制度上承西周、下启战国，具有奴隶制向封建制转变的鲜明时代印记，在中国古代军制发展史上起着继往开来的作用。

### （二）战国军制

战国时期（公元前475—公元前221年）封建经济迅速发展，代表新兴地主阶级利益的各诸侯国的君主竞相变法图强、攻伐争雄，军事制度也随之发生重大变革。

各诸侯国建立了统一的军队，由国君掌握军队的征调大权，实行凭"虎符"发兵的制度。战国时期秦国国君颁发给杜县的"虎符"上刻的铭文规定：右半在君，左半在杜，凡征发兵甲50人以上，必须与君符会合。但有烽火报警，也可"毋会"君符而采取行动。国君之下始设将军等专职武官，文武已明显分职。

各诸侯国主要实行主要以农民为征集对象的郡县征兵制，郡守和县令有权征集本郡、县适龄男子入伍，并可率领他们出征。男子16或17岁"傅籍"（或称"傅"）即进行登记，然后根据国家需要随时应征入伍，直到60岁才能免征。除征兵制外，各国还兼行募兵制，招募之兵经过严格的考选，大多数都充实到军队的骨干和国君的卫队，凡中选者都要进行长期的专门训练，并享受比较优厚的待遇。

战国时期步兵是主要兵种，骑兵和舟师发展也很迅速，车兵地位下降。步兵通称为"带甲"，《战国策》等文献有"带甲数十万""带甲百万"的记载，说明步兵的规模甚为庞大。同时骑兵有较大发展，出现了"骑万匹"之国，赵武灵王"胡服骑射"是中原诸侯国改革旧制、发展骑兵的典型事例。楚国和秦国的舟师比较发达，据《史记》记载，秦"舫船载卒，一舫载五十人与三月之食，下水而浮，一日行三百余里"。

军队组织往往和居民组织相结合，郡、县居民多是"伍什之制"，即五家为伍，十家为什。伍什之上，秦有里、乡，晋有连、闾，军队的组织与之相应。

兵器中，剑、戟、刀、矛、匕首等锋利的铁制兵器迅速发展，强弓利弩大量使用。各诸侯国普遍建立了掌管武器制造的"府库"（即武库），有的还负责检查武器的质量和上报的数量。各诸侯国都注重奖励军功，建立了军功制度。秦国商鞅变法时，订有二十等"军功爵制"，规定临战者不论出身贵贱，只要杀了敌人就可晋升爵位，反之如果没有战功，贵族也不能晋爵。

战国时代军事制度的变化，是社会生产力发展、生产关系变革、战争规模扩大以及兵器质量提高等多种因素造成的。这种变化不仅适应了新兴地主阶级的需要，也为秦、汉军事制度的建立与发展奠定了基础。

# 三、秦朝军制

公元前 221 年，秦始皇统一中国，结束了春秋战国几百年分裂的局面。秦灭六国，原因是多方面的。而主要原因是秦孝公商鞅变法之后，秦国在政治、经济、体制、军事方面适应了历史的发展而国力大增，特别是秦国强大的军事实力，在统一战争中横扫六国。

秦军的战斗力主要依靠先进的管理制度，即有秦国特色的二十级军功爵位制度，其在鼓励秦军士气、提高战斗力上发挥了重要作用。秦二十级军功爵位制度（从低到高）：1.公士；2.上造；3.簪袅；4.不更；5.大夫；6.官大夫；7.公大夫；8.公乘；9.五大夫；10.左庶长；11.右庶长；12.左更；13.中更；14.右更；15.少上造；16.大上造；17.驷车；18.大庶长；19.关内侯；20.彻侯。此项制度是在商鞅变法中由商鞅设立的。为奖励军功，商鞅规定：凡行伍中人不论出身、门第，一律按照其所立军功的大小接受赏赐，即便是秦国的宗室也是这样，宗室未立军功者不得列入宗族的簿籍，不得拥有爵位，禁止私斗，违反规定者将受到十分严厉的处罚。秦国的二十级军功爵位制度，使秦军作战能力大为提高，建立了一支所向无敌、横行天下的虎狼之师。作为荣誉，军功爵位基本具备现代军衔的特点，秦军中，国尉、上将军、将军、裨将军、都尉、郎中、军侯是军官职务名称。商鞅规定秦国的士兵只要斩获敌军的军官"甲士"一个首级，就可以获得一级爵位公士、田一顷、宅一处和仆人一个，斩杀的首级越多获得的爵位就越高，依据就是敌人的人头，如果一个士兵在战场上斩获两个敌人"甲士"首级，他做囚犯的父母就可以立即释放，如果他的妻子是奴隶，也可以转为平民，杀敌人五个"甲士"可拥有五户人的仆人，打一次胜仗，小官升一级、大官升三级。

惩处方式主要是贬级、夺禄、降职，表现不好的还有失职行为的官吏，国家降低其爵位、削减俸禄、降低职务。秦国刑法严苛，实行轻罪重罚。鞭打，最轻的处罚，数量不一；肉刑，伤害人的肢体，使人残废；刖刑，把罪犯的脚砍下来；墨刑，在罪

古代军制

犯脸上刻字；劓刑，把罪犯的鼻子割下来；宫刑，把罪犯去势，当太监；死刑，种类很多，赐死在惩处高级军官时常使用，生埋也叫"坑之"，对战俘经常使用；车裂，把人四肢分别绑在几辆车上撕裂，在闹市斩首，还要陈尸数日，不准罪犯"家属"收尸；腰斩，把罪犯拦腰砍成两半，短时间人死不了；株连，士兵几人一组，一人犯法，一起惩处，军人犯罪家属连同处罚，处理刑法的官员是廷尉，管监察的官员是御史，军队外出打仗御史随行进行监视。

在军中如果爵位高低不同，每顿吃的饭菜甚至都不一样。军功爵是可以传子的，如果父亲战死疆场他的功劳可以记在儿子头上，一人获得军功，全家都可以受益，当爵位达到五大夫可衣食三百户的租税，如果军功杰出则衣食六百户，可以养士，以实物的形式向各级官吏发放俸禄，主要是粟米，可兑换布匹，有的时侯国君还会发给一些官吏以数量不多的钱币、黄金，秦国以年为单位发放俸禄，叫岁俸，即一年发放一次。

## （一）秦朝军事训练制度及军事法

秦朝重视现役军人的训练。材官、骑士服役期间要进行集中训练、考核，主要内容是发弩、射箭、驾车技术。秦律规定：发弩不中靶、驾车不熟练，战马不合格，主管官吏受罚。秦建有一套较完整的军事法，内容包括兵员征集、武器生产与保管、军粮储备与供应、戍边等。对违法的进行严格处罚，如包庇逃避兵役、装备不完善、冒领军粮、延误征发日期、耽误值勤等，主管官员和当事者都要受罚。军事法的核心，是商鞅变法后沿袭下来的以《军爵律》为代表的军功爵制，军功爵制以军功为授爵的依据，不同的爵级享受不同的待遇，还规定了爵位授予、剥夺以及以爵抵罪等制度。

## （二）秦朝军队构成

秦朝军队分三个部分，即京师兵、郡县兵、边防兵。京师兵依据任务不同分为三个系统：郎中令管辖的侍卫官，包括贝（钱财）选、荫任、军功特拜而产生的传中、中郎等，有俸禄，主要负责殿内值勤、随从皇帝；卫尉管辖的皇宫警卫兵，由郡县轮番服役的正卒充当，称卫士，主要职责是守卫宫门，中尉管辖的京都城卫兵，成员是轮番服役的内史地区正卒，主要职责是保卫都城的安全，遇特殊情况京师另设屯兵；郡县兵指在当地轮流服一年兵役的正卒，由郡尉县尉管辖，平时训练并兼管地方安全，战时奉调出征，因所处地理环境的不同，又分为材官（步兵）、骑士（骑兵）、楼船士（水军）三类，北方、西北方多骑士，山丘陵地带多材官，江淮及沿海多楼船士，有的郡既有材官，又有骑士；边防兵，指边郡骑士、材官、边郡屯兵和边塞皮卒，边郡骑士或材官，是本地服兵役的正卒，屯兵是集中驻扎的机动作战部队，由朝廷派遣的将军统率，如蒙恬曾长期领兵屯于上郡。戍卒包括轮番服役的各郡正卒和嫡发的官吏、商人及农民，除分散担任警戒、候望任务外，还构筑维修军事工程。秦军兵种分为步兵（含弩兵）车兵、骑兵和水兵。步兵称材官，有轻装与重装之分，前者无甲，持弓、弩等远射兵器，后者上体着甲，持戈、矛、戟之类长兵器，着甲持弓、弩者称驽兵，是步兵的主力；车兵仍然装备单辕双轮四马木质车，每车三人，皆着盔甲，御者居中，甲士两人分立两侧，持戈、矛类长兵器；骑兵称骑上，着短甲、执弓箭，所乘之马有鞍，无鞍蹬；水军称楼船士，具有一定规模，作战中车、骑、步、驽大休混编列阵配合而行。

### （三）秦朝军事领导体制

秦始皇大权独揽，是国家的最高统治者、军队的最高统帅。在中央，丞相为百官之长，处理日常政务；国尉为最高武官，掌军事行政；御史大夫监察官吏，辅佐丞相治理国事。三者均听命于皇帝，直接对皇帝负责，战争的发动与中止、高级武官的任命与撤换、兵员的征集与调动都由皇帝掌握，除临敌应急外，调遣 50 人以上用于军事行动必须得到皇帝的许可，并严格执行盖玉玺、持节的规定。遇有战事，皇帝直接指派将军或尉持节领兵出征。将军之下，史籍可考的武官有校尉、

侯、司马等，地方与郡县制相适应，有一套完善的军事、治安指挥系统，全国分为36郡（后增至40多郡），置郡尉协助郡守掌管一郡兵员的征集和调遣、武器装备的制造和保管、治安秩序的维持和督察等军务。郡下设县，置县尉协助县令管理本县军务、治安。县下有乡、亭两种机构，主要职责是逐捕盗贼和维持地方治安。

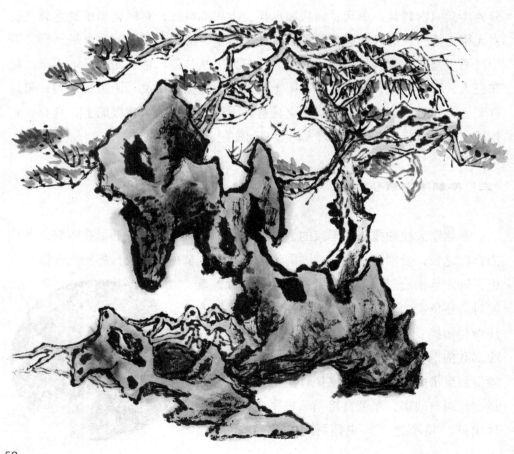

# 四、两汉、三国、魏晋南北朝军制

## （一）西汉军制

西汉（又称前汉）与东汉（又称后汉）合称汉朝，是中国第一个强盛、稳固的朝代。

西汉时期，兵役制和徭役制结合在一起。制度规定男子自傅籍之年（汉初15岁，景帝时20岁，武、昭后23岁）至56岁的期间内，服兵役两年，称为正卒。正卒一年在本郡为材官（步兵）、楼船（水军）或骑士；另一年在京师屯戍，称为卫士。他们还须在边郡屯戍一年，称为戍卒。除此以外，每年还要服徭役一月，称为更卒，亲自服役的称为践更，不愿服役的可纳钱三百雇人代理，叫做过更。由于雇人代役的越来越多，过更钱就逐渐演变为丁男的一种赋税，叫作更赋。在地方，军事由郡尉或王国中尉主管，他们统领本地的正卒，进行军事训练。每年秋季，郡太守举行正卒的检阅，叫做都试，皇帝发郡国兵时，和秦代一样用铜虎符为验，无符不得发兵。

西汉兵力分为郡兵和京兵，最高军事长官为太尉，但京兵一般由皇帝亲领。

1. 郡兵，仍沿袭秦制，兵力由郡守掌管，具体军务由郡尉负责，但西北边郡太守因边患均直接领兵，郡守、郡尉每年八、九月份校阅一次郡兵，称为"都试"，又叫"秋射"，通过演武考核划分军兵等级，上等叫"最"，下等叫"殿"，此之谓"课殿最"；郡兵因所在地不同而兵种不同，内地多为材官（步兵），平原有轻车（车兵，后逐渐消失），沿海、沿江多为楼船（水兵），西北多为骑士（骑兵）；郡兵平时训练、维持治安，战时受中央调遣。

《汉旧仪》中记载，年满20周岁的青年男子每年在郡县服劳役一个月，称为更卒，至56岁为止；从23岁起，必须服兵役两年，第一年在本郡当郡兵（称为正卒），第二年选拔"课殿最"中的优秀者送至都城做京兵或送至边境做

边兵（称为戍卒）；但遇有大规模战事时则须随时从征。

2. 京兵，汉初建时，在东、南部分封了一些宗室和勋贵，手握悍将骄兵，西北则匈奴屡犯，而郡兵散于四方，遇有边患内乱远水救不了近火，为了确保京畿重地安全，故此建立了一只精锐的京兵，西汉的京兵按职责不同分为四部分。

一是南军，是负责皇宫各殿外至皇宫宫墙内的卫士，最高长官是卫尉，办公衙门在皇宫内，卫士们沿着宫墙扎营；因为卫士们驻防在皇宫——未央宫，而未央宫又地处长安城的南部，故此又称为南军。南军在创建初期约两万人，至武帝时约为一万人；南军士兵从郡兵中的优秀者选调，一年一换。卫尉属下有一名南宫卫士令，统帅南宫卫士；一名北宫卫士令，统帅北宫卫士；左都侯、右都侯各一名，负责日常巡逻；每个宫门各设一名司马，掌管进出宫的盘查事宜。

二是北军（又称屯兵），是负责守卫京城的驻屯军，平时维持治安，遇边警、内乱则以一部或全部出征，最高长官是中尉，因其驻地在长安城内北部故又称为北军，士兵也从郡兵中选调，具体人数不定，视时局时增时减。武帝时曾经对京兵改制，中尉改称执金吾，加派监军御史辅助、牵制之，防止专权。执金吾通常有一支亲兵，称为缇骑，是一支全由骑兵组成的快速部队；执金吾下设中垒校尉、屯骑校尉、步兵校尉、越骑校尉、长水校尉、胡骑校尉、射声校尉、虎贲校尉、三辅都尉，职权范围由长安城内至京畿。

三是郎官（又称郎卫），类似于清朝的御前侍卫，负责皇宫中各殿内的护卫、陪同皇帝出巡，人数不定，最高长官为郎中令，武帝时改名为光禄勋。郎官分为议郎、中郎、侍郎、郎中、外郎，武帝时增设建章营骑（后改名羽林骑）、期门（后改名虎贲郎）、羽林孤儿（收养的战死将士的遗孤）。郎官通常选自西北诸郡孔武有力的良家子弟和功臣、勋贵之后，待遇优厚、装备精良、对皇帝无限忠诚，属于死士。

四是城门屯兵，最高长官为城门校尉，负责守卫京城长安的12个城门，人数不详。

但如果遇有大规模战事，还会频繁补充兵员，主要形式有：

谪发刑徒，又称为"七科谪"，即被判刑的人、杀人者、入赘的女婿、在籍商人、曾做过商人的人，父母、祖父母有商贾市籍的人等是当时社会地位比较低的人，随时会被充军，这些人多重利轻生，战斗力很强。

自武帝时实行募兵制，盖因武帝时用兵地方很多、"买复"（即交纳一定的钱粮或奴婢可免除劳役、兵役）日盛，也因为募兵长期以此为生，大都受过良好的训练，战斗力较强。

为了保证必须的军费，规定不能出"更卒"的适龄男子每人每年要交"更赋"300文钱；还有"算赋"，15—56岁的男女每人每年120文钱，商、奴、入赘婿加倍，年满15岁的独身女子要交600文钱（鼓励早婚旱育以繁衍人口）。另外，武帝击匈奴时，因其辟地万里，粮草转运艰难，故此征集边兵60万人戍边、屯田（《史记·平淮书》），新设屯田校尉、护田校尉等职。

## （二）东汉军制

东汉（25—220年），刘秀建立，定都洛阳，史称东汉。

东汉军职制度第一次严密化、制度化。统辖军队的将军在两汉一般不常置，掌征伐背叛，非常尊贵，权臣常以大将军、骠骑、车骑、卫将军、前后左右将军等将军辅政。东汉中前期，度辽以及其他杂号将军皆秩二千石，与郡太守地位相等，除度辽外，其他杂号将军一般事罢即撤。将军既贵重，后来许多文职官僚也常常加重号将军，不统辖军队，只是作为殊荣而加赠。将军地位尊贵，与将军号少且不常置有关，但更主要是跟秦汉以来社会具有浓厚尚武精神有关。许多农民起义军的首领也常因此自称将军，如黄巾的天公、地公、人公将军。东汉末，各割据势力无将军之号则不显其重，其中朝廷封赠将军比私署贵重，其他军职也如此。

汉代以"若干石"构成十七八级的禄秩等级，中郎将、校尉、骑都尉、郡都尉禄秩均为二千石，禄秩相当。随着军队规模逐渐扩大以及军旅常设，原来的军职明显不足，因此杂号将军、中郎将、校尉、都尉逐渐增

古代军制

55

多，而军事指挥体制上的需要也将各种军职按照一定等级排列起来，这些趋势由地方开始，最终在建安年间由曹操通过汉王朝中央政府集其大成，并系统化、制度化。

黄巾起义始，几位汉朝将领都以中郎将、持节之职带兵镇压起义军，像曹操以骑都尉之职归左中郎将统辖，再如董卓部下也是以中郎将指挥校尉，这些都说明中郎将地位已经渐渐升高，位在校尉、都尉之上。

初期，增设的军职主要是杂号中郎将、校尉、都尉，杂号将军还是很少，因为许多割据势力首领自身也才是杂号将军，例如孙权长期都是以讨虏将军割据江东，赤壁战后刘备方表权行车骑将军，而曹操在建安前也长期为杂号将军。到了建安后期，杂号将军增多，两汉比较久远的杂号将军，如四征、伏波、度辽等，地位也比后设的尊贵，例如夏侯惇曾以伏波将军都督二十六军，夏侯渊以征西将军坐镇关中、汉中。征镇、安平等将军号随着曹魏都督制的建立地位也逐渐升高，而原本尊贵的前后左右将军地位则逐渐下降。

校尉、都尉等军职也是如此，不少人是以校尉、都尉领郡太守职。其中，各校尉、都尉也不可一概而论，五校的地位比后来增设的杂号校尉要高。黄巾起义前，除了边郡，因州郡兵撤销，作为主捕盗贼的郡都尉也被撤销。黄巾起义后，州郡兵兴，由于军职不足，都尉之职便重新设置，并主要作为军职使用，跟以往的职能稍有差异。

曹魏的军职制度与汉朝的禄秩等级制度以及选举制度在陈群等人的糅合下，最终形成了著名的"九品中正制"。秦汉"职秩合一"制度的基础上诞生的曹魏军职制度包含了等级严密、覆盖全面的特点以及职阶分离的萌芽，在魏晋南北朝长期战乱中得到强化，最终成为唐宋的"阶职分立制"官僚制度的动力之一，其历史作用不应低估。

## （三） 三国军制

三国是继东汉而出现的时代称号，由于魏、蜀、吴三个国家鼎立而得名。三国始于公元 220 年魏国代汉，终于公元 265 年晋代魏。其军事制度基本沿袭汉制，但又有所变化，主要是建立中、外军体制和实行世兵制。

曹魏军队分为中军、外军和州郡兵。中军是曹氏父子以及后来的司马氏直接统辖的部队，前期较少，驻于京城之中，后期逐渐庞大，渐扩驻至城外。主要负责宫廷和京城宿卫，亦兼出征。编有中领、中护、中坚、中垒、武卫各营。外军是派驻边州重镇的军队，主要任务是征戍。驻守在与蜀、吴交界地区的外军，且耕且守，实行屯田。屯田兵以营为单位，每营编 60 人。州郡兵属地方武装，力量较弱，以守备本州、郡为任，必要时也应召出征。

曹魏的军事大权集中于中央，下设各将军、校尉，分领中军诸营。在将军中以领军将军、护军将军最为重要，对内辅佐统帅，参与军事机要，对外监护诸军。魏末，中领军将军总统诸营，职权极重。外军由中央派都督分领，都督多由冠以一定名号的将军及中郎将充任。屯田兵则分设度支都尉、度支校尉、度支中郎将管领。曹魏军队的补给由国家统办，军粮、军费依靠租调和屯田收入，其中屯田收入在军粮供给中占很大比重，还设有司金中郎将负责监造兵器。

曹魏军队可区分为步军、骑军和水军。在前期，兵员靠募集、征发及强制降俘和少数民族为兵等，到后期逐渐形成世兵制，并成为主要集兵方式。世兵制使服兵役成为一部分人的特定义务，这部分人称为士，其家称为士家或兵户，士家必须集中居住，另立户籍，与民户分别管理，子孙世代为兵，士死其寡妻遗女还要配嫁士家。

吴、蜀的军事制度大体与魏制相同，但也有差异，如吴、蜀中央均置中、前、左、右、后五军。吴军以舟师为主，步兵次之；蜀军以步兵为主，骑兵次之。吴实行世袭领兵制，即将领世袭，士兵是将领的私属，他们除打仗外，还要为其将领种地、服

古代军制

57

杂役。吴、蜀还编有少数民族部队，蜀有叟兵、青羌兵等，吴有山越兵、蛮兵、夷兵等。在武器装备方面，较秦汉时也有所发展，相传蜀相诸葛亮曾研制成一次可发十矢的连弩，又造"木牛""流马"运送物资，提高了军队的补给效率，吴国所造名为"长安"的战船，可载士兵千余人。

### （四）晋朝军制

西晋（265—316 年），公元 265 年，曹魏大臣司马懿之孙司马炎篡夺皇位，改国号为"晋"，定都洛阳。以其强大的军事力量统一了当时分裂的中国，结束了东汉以来的混乱局面。西晋统一全国后，

沿袭曹魏的军事制度，初期中军强，外军弱，中后期宗王出镇四方，又于王国设置军队，并盛行世兵制。东晋时，外军转强而中军较弱，集兵方式改以募兵制为主。

西晋军队分为中军、外军和州郡兵。中军直属中央，编为军、营，平时驻守京城内外，有事出征。驻在城内的中军为宿卫兵，由左、右二卫负责宫殿宿卫，其他军、营担任宫门和京城宿卫。驻在京城外的中军称牙门军，无宿卫任务。中军力量强大，晋初多达 36 个军，总兵力不下 10 万人。

外军驻守重要州镇，由都督分领。晋武帝为加强王室对军队的控制，用宗室诸王充任都督出镇四方，并允许诸王置兵，大国三军 5000 人，次国二军 3000 人，小国一军 1500 人，成为外军中的一个特殊组成部分。州郡兵是地方武装，晋武帝平吴以后曾下令诸州取消州郡兵，仅置武吏，大郡 100 人，小郡 50 人，用以维持治安，但实际上取消的州郡兵非常少。

军队的最高长官为都督中外诸军事。下有中军将军，总领宿卫兵；左、右卫将军，统宫殿宿卫兵；领护等将军、校尉，分统宫门和京城宿卫兵；四护军分统城外中军，又有都督各州诸军事和征、镇、安、平等将军，分统外军。

西晋是世兵制的全盛时期，凡为兵者皆入兵籍，单独立户，不与民同，父死子继，世代为兵。士兵及其家属的社会地位低于郡、县编户民。为扩大兵源，

中国古代军事

西晋还编发奴僮和谪发罪犯为兵，作为世兵制的补充，士族官僚享有免役的特权。

军队的主要兵种是步兵，其次有骑兵和水军。武器由政府统一供给，国家建武库贮备兵器，中央设卫尉总管武库和冶铸事宜。军队的粮食和布帛也由政府统一供给和管理。

东晋（317—420年），是由西晋皇室后裔司马睿在南方建立起来的小朝廷。

东晋基本沿袭西晋的军事制度，但也有许多重要变化，由于皇权衰微导致中军衰弱，宿卫军、营往往有名无实，而统率外军的都督、刺史却拥兵自重，跋扈一方，特别是长江上游的州镇，兵势之强往往超过中央。同时，东晋的兵员多用募兵制解决，如参加淝水之战的北府兵多是从广陵一带招募的，此外也征发民丁为兵。

### （五）南北朝军制

南北朝时期是两晋以后中国历史上的一个分裂时期，从公元420年开始，到589年北隋灭南陈结束，共169年。

南北朝时期国家分裂，政权常依军权的大小和兵势的强弱而频繁更替。南朝军队体制基本沿袭晋朝军制，士兵制衰落，主要实行募兵制。北朝，拓跋氏初期乃实行兵民合一的部族兵制，入中原后逐步封建化，后期创立了府兵制。

南朝宋、齐、梁、陈的军队，多有中军和外军的区分。中军直属中央，平时驻守京城，有事出征，宿卫京城的编为领、护、左卫、右卫、骁骑、游击等六军。宋武帝刘裕曾恢复屯骑、步兵、越骑、长水、射声等五校，加强殿中和东宫宿卫兵力，以图扭转东晋以来内弱外强的局面，由于宗室自相残杀而未果，以后各个政权都未能改变这种局面。外军分属各地都督，都督多兼刺史，常拥兵自重与中央相抗衡。

军队以步兵和水军为主，骑兵较少。初期兵员来自世兵，后来由于战争的消耗和士兵的逃亡，部分兵户变为民户，兵源趋于枯竭，于是募兵制逐渐

59

成为主要的集兵方式，招募的对象是大量的失地流亡农民，将领待兵亦较宽惠，因而士兵的地位和战斗力都高于世兵。

北朝北魏军队，初期以鲜卑族为主体，也吸收被征服民族的成员当兵，分由各部落酋长率领，几乎是单一的骑兵。在其统治范围扩展到汉族集中居住的地区以后，汉民当兵人数增加，攻城战增多，军队由单一的骑兵变为步、骑兵结合，后期步兵比重超过骑兵成为主要兵种。

北魏统治扩大到中原以后，军队分为中兵、镇戍兵和州郡兵。中兵亦称台军，主要担任宫廷及京城的宿卫，也是对外作战的主力。有羽林、虎贲、宗子、庶子、望士等名号，以领军将军为最高长官，下有幢将、羽林中郎将等。镇戍兵是为保卫边防而设置的，初时仅设置在北部边境，后来扩展到南部边境。镇相当于州，设镇都大将、都副将、大将、将等军官，戍相当于郡，设戍主领兵，一般由郡守兼任。各镇、戍大小不一，兵额不等，多达数万，少则千人，在镇、戍之间有的还设防一级组织。州郡兵，置都尉统领，是诸州所辖的、维持地方治安的部队，有时也奉皇帝调遣出征或充作镇戍兵。

# 五、隋、唐、五代军制

## （一） 隋朝军制

隋朝（581—618 年），公元 581 年，北周外戚杨坚代周称帝，改国号隋，年号开皇，定都长安。隋朝军制沿袭和发展了西魏、北周的府兵制。在皇帝直接统辖下设立十二卫府，每卫府统一军，置大将军一人，将军两人；下辖骠骑府、车骑府，分置骠骑将军、车骑将军；再下设大都督、帅都督、都督。炀帝时改骠骑府为鹰扬府，置鹰扬郎将，并取消将军、都督等名号。军府按"中外相维、重首轻足"的方略，分置在京城及冲要地区，除临时受命征伐外，平时主要担任京城宿卫和其他军事要地或重要设施的驻守。府兵与禁兵及其他军队相互为用，相互钳制，以便皇帝控制军队和维护全国统一。

为了加强中央集权，文帝对府兵作了重要改革。在代周前后曾下令将府兵将领赐胡姓的恢复本姓，军人也不再随从将领的姓氏，重新整理乡兵，收编为国家军队。开皇十年又颁布诏书，规定"凡是军人，可悉属州县，垦田籍账，一同编户。军府统领，宜依旧式"（《北史·隋本纪》）。军户编入民户，改属州县管辖，但军人仍有军籍，无论在军、在役或在家，凡军役范围内的事宜，均属军府管理，军人依均田令受田，免纳租庸调，平日生产，每年有一定时间轮番宿卫，战时出征，资装自备。在乡为农，在军为兵，实行兵农合一、寓兵于农的制度，这是隋朝及唐初府兵制的特点。

隋朝常备兵约 60—70 万人，战时征募达 130 万上下。炀帝时，大肆扩军，"增置军府，扫地为兵"（《隋书·食货》），还"募民为骁果"，而"骁果之家，蠲免赋役"（《北史·隋本纪》）。因此，"租赋之入益减"（《隋书·食货》），府兵制也遭到削弱。

古代军制

### （二）唐朝军制

唐朝（618—907 年），李渊建立，共延续了 289 年，传了 21 位皇帝（加武则天则为 22 位皇帝）。唐在文化、政治、经济、外交等方面都有辉煌的成就，是当时世界上最强大的国家。盛唐之所以强盛，与其军事力量的强大是分不开的，唐朝要求士子通晓弓马骑射的基本功，自从武则天开创武科举以来，国家号称天朝上国、百万雄师。

早期唐朝军队沿用"府兵制"。以班田制的农户为基础，于天下各道、州、县要冲设军府六百三十四所，总称折冲府，依编制规模大小分置上、中、下三

等，府长官折冲都尉（正四品），副长官左、右果毅都尉，在府下设有团，官校尉，团下有队，设队正，队下为伙，设伙长。每营下辖五队，每队下领三伙，每伙领五位什长，各领十丁。以营为基本单位，按军种的功能和配备还可分中垒、屯骑、射生、越骑、步伍、长水等。其部属官品级依次为：别驾、长史、六曹尉、参军。主管各地戍军及军户，府依规模分上、中、下三等，兵役以一年五番轮流执役，约为 1000—4000 人，最多时全国有六百多府，共计军卒七十余万，常年保持三分之一在役。于中央设十六卫将军衙门专事天下军马，分别为：左右卫、左右骁卫、左右武卫、左右威卫、左右金吾卫、左右领军卫、左右监门卫、左右千牛卫，除左右监门卫、左右千牛卫督京师兵马外其他各卫还兼领关中三百多府府兵，最高上将军基本不设，以大将军总领诸卫、十六卫，每卫长官为赐号将军，下设中郎、中郎将、左右郎将、以及录事参军、仓曹、兵曹、骑曹、胄曹参军，每卫维持卫军 25000—40000 人，所领为常备军，卫军基层营编制略高于府兵，习惯统称为鹰扬卫，营官上多一级旅帅，长官为鹰扬郎将，品级高于府兵果毅都尉，约常备兵马二三十万。

长安内城、皇城另有皇家禁卫左右羽林军，左右龙武军、左右神武军为皇帝亲卫部队，合称北衙六军，又称北军，最高长官统军，大将军、各军领军将军及部属设置同卫军。在地方，中央下辖天下十六道及数个大都护府、都督府，在道一级设节度使、都督、都护三种军区编制，以节度使权力最全面，通常设元帅。于边境设大都督、都督，同样总领数州军政大权，管辖范围大小不固定。边庭设都督，上设大都护府、都护府，除统辖边防外还兼处理边地各族事务同卫军大将军皆为正三品。

当时作为主要兵源的府兵执役分征、防两种，征即临时调派，防则固定上防，除亲身上番外，还可以输资代番，依军职大小和距离缴纳一定的绢或钱，执役的都是永业田的农户，一年五次，一般最长不得超过三年，否则容易造成士兵逃亡。

军府按性质又有内府外府之分，内府就是京师地区成军，同京师宿卫军三卫，以及太子三府三卫合称南军，与之相应的，就是天子亲检的北衙禁卫六军又称北军，前者多为宰相领下十六卫之金吾卫将官所辖，驻地太极宫前朱雀门内，后者一般为亲王或内庭中官领，军衔属十六卫监门卫，居御苑中。而所谓五府即京畿五州所出的府兵，三卫即勋、翊、策等内城卫，分左右两部，多为大臣世官子弟出任，为一般士大夫世家子弟进身之阶，其中又属策卫是诸卫府中最为皇家亲信，可以宿卫内庭，列于内仗，凡朝会出行，还和左右卫、左右武卫、左右骁卫的署兵一起交错立仗，或在京城诸门，交错担任"助捕""巡警"等任务。以上统称宿卫军，和北军交错共当京师防务，太子三府三卫即太子卫队仪仗，军职官衔同上但规模要小得多，一般由八辅中太师、太保、太傅等三孤三少名义上挂领。

禁兵最初是羽林屯兵，又称北门屯军，屯所玄武门，每军编制约二万，年代久远，皆以其子承父职，又称世袭父子兵。

龙武军起源于唐太宗贞观时，择善射精骑者设飞骑七营，经历代累计扩编至万骑，因助当今玄宗皇帝有功，增补扩编为左右龙武军，各15000人，为京师各军中唯一的骑兵部队。

神武军系出自边军轮换时选拔的精锐，数量最少，皇帝用不同系统的兵源相互节制，避免了将领同出一

门下，防止个人专权，并借此保持军队的战斗力。

当时南北衙轮流宿值，不但驻屯和值宿交错，连将领也相互渗透交错管辖，皇帝就是通过这种"相互检侍"的方法，以达到互相节制、避免某将领的权力过大的目的，由于驻地交错要想进入对方营防就必须执赦书，经引驾仗官和监门官奏复方可入。领天下兵马主力的各卫大将军一职多为虚衔，由权臣或亲王充任，由将军主持实务，而大都督、大都护也是由外藩亲王或部族首领充任名义，平时各卫有兵却无权调动，兵部有权调兵却无兵可管，只有皇帝诏旨才能令两者合一，大军出动。

边军系统采取的是世袭军户制，类似羽林军中的父子兵，即由最初朝廷招募的义勇为边军基础，就地安置建立军户，军户可以免除相当的税赋徭役，作为条件每户必须世代出丁进补上代边军的缺额。

卫军是朝廷从府兵中选拔善战者组成的野战部队，边军则相当于现代的世袭边防军，府兵为各地守备部队和卫军的后备兵源，都属常备军。

## （三）五代军制

唐朝灭亡后的五十多年间，继唐末藩镇之乱，封建割据转趋严重，朝代更迭频繁，中原地区先后建立了后梁、后唐、后晋、后汉和后周五代，同时南方和其他地区还有分别割据一方的很多政权，主要有吴、南唐、吴越、楚、闽、南汉、前蜀、后蜀、荆南、北汉十国，史称五代十国。在这一时期军事制度混乱。

五代各朝帝王都是靠亲军夺取政权的将军，极其注重加强军事领导机构和掌握军队。后唐设"判六军诸卫事"，后晋设"侍卫马步军都指挥使"，后周又增设"殿前都点检"。五代后期，枢密使也开始主管军政和军队出征，另设招讨使、都统、都部署、行营都指挥使等统兵官。

五代时期，军队的主力为禁卫六军，六军又分左、右，实为十二军。五代初期，普遍设立亲军，亦称牙军，以此作为私人武装的核心，后来牙军进一步发展，有的设置义儿军，与主帅具有更为密切的隶属关系，除禁卫军外，各州、县还有由节度使率领的地方军。军队主要是步兵，其次是马军，江南地区也重视建置水军。

五代主要实行募兵制。为了标明隶属关系，防止逃亡，对应募士兵，"皆文其面，以记军号"，此时期军法极其严酷，但为了笼络军心，有的帝王对骄兵悍将又十分姑息纵容。

五代时期有时还征集在乡丁壮为兵，也就是乡兵，后晋开运元年（944年）令诸道、州、府、县点集乡兵，规定七家税户共出一兵，兵杖器械共力营之，并以"武定军"为号，后改"天威军"，但因为乡民不娴军旅，教阅没有很好的效果，不久便被解散。南方吴国武义元年（919年）征其乡兵，教习战守，称为"团结民兵"，但为时很短，其中也有强令出钱或缴纳实物代役的情况，这实际上是由一种兵役演变成为一种军赋。

五代时，除经常的庞大军费开支外，军将为让部下忠实卖命，对士兵的赏赐也非常之多，养军耗费极大，相沿成习，成为各代的沉重负担。后周世宗柴荣于显德元年（954年）在高平之战险遭失败后决计整顿军队，先斩不战先溃的右军主将以下70余军吏，使"骄将惰卒始有所惧"，选诸军精锐者升为上军，羸弱者予以遣散，挑选各节度使属下的"骁勇之士"，"以为殿前诸班"，用以削弱地方兵权。

古代军制

# 六、宋、辽、金军制

## （一）宋朝军制

宋朝（960—1279 年）是中国历史上上承五代十国、下启元朝的时代，根据首都及疆域的变迁，可分为北宋与南宋，合称两宋。

赵匡胤本人经历了五代的混战，从禁军起家，对军制的弊端非常了解。所以他当了皇帝以后，首先就着手整顿禁军，赵匡胤通过"杯酒释兵权"，撤换了

一批有能力、有威望的将领，换上了一些资历比较浅、相对平庸的将领，便于自己的控制。不再任命总领禁军的殿前都点检，而侍卫亲军都副指挥使也不再任命，这样侍卫马军和侍卫步军遂分立，加上殿前司，合称三衙。三衙掌管禁军，地方上的厢禁军也隶属于侍卫马军或者侍卫步军，三衙掌握了全部的军权。但三衙的职权大为削减，主要负责训练。天下的兵籍、武官的选授、军队的调发更戍、以及兵符的颁降等是由枢密院掌管的，而在禁军作战出征的时候，宋太祖往往派其他的官员作为统帅，战事结束，兵归三衙，将还本职。这样握兵权、调兵权、统兵权三者分开，将领失去了与士兵的密切联系，任何一方面都不可能拥兵自重。

宋太祖还加强了禁军的选练，裁汰老弱士兵，让他们回家从事生产。对于那些既不能归农，又不能作战的士兵，则设置剩员进行安置。宋太祖为了增强禁军的战斗力，多次派使臣到各地去选择精兵充实禁军并亲自检阅。在平定各地割据政权的过程中，宋太祖也把各小国军队中的精兵收编入禁军编入殿前司。同时，北宋初年还实行募兵制，游民、饥民和所谓的"盗贼"不断被编入禁军，这样无论是各地方军，还是民间的不稳定力量都大大被削弱，巩固了统治，加强了中央的军力。宋太祖注重禁军的教阅，并通过经常的教阅有效地提高了禁军的战斗力。

鉴于前代禁军骄横犯上的教训，宋太祖对禁军的纪律要求非常严格。制订了"阶级法"，严明了军队内部的等级尊卑关系。各级军校各司其职，掌握着对下级的生杀大权，使得将士不敢再轻易作乱。一方面禁止结社，防止各种小集团的产生，另外一方面特别注意提防军中的闹事分子，一经发现将毫不留情地进行镇压。在作战出征之前宋太祖都会申明军纪，禁止烧杀抢掠，对于犯法的将士将进行处罚。以前禁军闹事，大多是为了追求自己的经济利益，所以北宋禁军的待遇非常优厚，对于家属也有妥善的安置，使禁军将士不会因为生活没有保障而作乱，减少了兵变的可能性。

南宋时期军事制度较之北宋有很大变化。高宗开元帅府节制诸军，枢密院的军事领导体制虽然基本保留，但朝廷控制军队的能力已削弱，枢密院的军权也随之缩小。禁兵已不居主要地位，蕃兵已不存在，而乡兵建置更为繁杂，军队的主力为屯驻大兵和三衙诸军。屯驻大兵即抗金各将领所率领、屯驻在前线的军队，后来朝廷为加强对各屯驻大兵的控制，将其改为御营军或行营护军。绍兴十一年（1141年），又剥夺韩世忠、张俊、岳飞等大将的兵权，把他们的部队改为御前诸军，"遇出师取旨，兵皆隶枢密院"。屯驻大兵多是亲族乡里和军将的旧时部曲，战斗力较强。此外，三衙分别领率三支大军，初、中期在沿江和川陕边界还陆续组建十支御前诸军，这十三支军队有军、将、队等编制，统兵官有统制、统领、正将、副将、准备将等，兵士一般区分为效用和军兵两级，每级又分若干等，每支军队中有一定比例的"不入队人"，充辎重、火头等非战斗任务，宋宁宗时这些制度又遭破坏，往往以文臣控制军队。

## （二）辽代军制

辽朝（907—1125年），勃兴于东北的契丹族，在耶律阿保机的领导下于916年建国，统一了塞北辽阔地区。

在辽朝，皇帝亲掌最高兵权，下设北、南枢密院，北枢密院为最高军事行政机构，一般由契丹人主管；南枢密院亦称汉人枢密院，职掌汉人兵马之政，因而出现一个朝廷两种军事体制并存的局面。

辽军大体分为宫帐军、部族军、京州军、属国

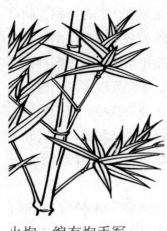

军。宫帐军，征集直属皇帝的著帐户壮丁组成，是契丹族亲军，供宿卫和征战。部族军，主要由契丹以外的部族壮丁组成，供守卫四边。以上两种部队是辽军的主力。京州军，亦称五州乡军，征集五京道各州县的汉族、渤海族等的壮丁组成。属国军，由臣属国壮丁组成。后两种部队为辅助兵力。辽初，贵族男子人人服兵役，年龄在15—50岁之间的列籍正军，兵器、战马自备。辽军队以骑兵为主，主要武器是弓箭和刀枪，后期从宋朝传入抛石机式的火炮，编有炮手军。

### （三）金代军制

金朝（1115—1234年），1115年1月28日，女真首领完颜阿骨打称帝建国，国号大金。

金朝军事大权由皇帝直接掌握，其下设都统，后改为元帅府、枢密院等协助皇帝统辖全军，是临时设置的非固定职务，战时指定亲王领兵出征，称都元帅、左右副元帅等，权任极重。边防军事机构有招讨司、统军司等。

金军的编制初时与社会组织相结合，主要编为"猛安""谋克"，一般以百户左右为一"谋克"，千户左右为一"猛安"。"猛安"上统于万户府，"谋克"之下还有五十、十、伍等组织。兵员的征调方式为一名正军配一名副军，战时副军可以递补正军，兵为世袭，可以子弟替代，但不能以奴充任。

金军大体可分为本族军、其他族军、州郡兵和属国军，前两者为主力，后二者为辅翼。进入长城之南地域后，主要实行征兵制，签发汉族和其他少数民族为兵，谓之"签军"，后期也实行"募兵制"。金统治中原后，还模仿汉制实行发军俸、补助等措施，对年老退役的军官曾设"给赏"之例，对投降的宋军常保留原建制，仍用汉人降将统领。金军亦以骑兵为主，步兵次之，骑兵一兵多马，惯于披挂重甲。各部族兵增多后，步兵数量大增，同时水军规模也较大，但战斗力相对较弱，另外金军还编有炮军万户。兵器除冷兵器外，还使用火炮、飞火枪等火器作战。

中国古代军事

# 七、元朝军制

元朝（1271—1368 年），是中国历史上第一个由少数民族建立的朝代，1271年由忽必烈所建，国号大元，1272 年定都于大都。

1206 年，成吉思汗统一蒙古草原各部，把卫队扩充至万人，编成名为"怯薛"的禁卫军，平时轮番值宿，战时充"大中军"随大汗出征，并将各部落按千户、百户统编，成年男子均有出军义务，实行兵牧合一的制度，使军事组织与社会组织融为一体。1260 年，元世祖忽必烈即位，政治重心南移，军事制度也深受中原前代王朝的影响，组建侍卫亲军，加强了中央集权，但仍保留了蒙古部族军队的诸多成分。

皇帝统驭军事大权，下设由蒙古、色目贵族担任要职的枢密院专掌军政，为最高统军机构，秉承皇帝旨意统一管理征讨、戍守、简阅、差遣、举功等事项。元初和元末征战较多，往往分设常冠以地域的名称的行枢密院，就地节制军事，多为临时设置。中书省设兵部，管理屯田牧养等事，有时并管领驿站，各地军政则由行省丞相负责，通常也由蒙古人和色目人担任。

军队主要由四部分构成：蒙古军，由蒙古人包括部分色目人组成的部队；探马赤军，初指从蒙古诸部抽取精锐组成的前锋、重役或远戍部队，后来也有色目人、汉人等加入；汉军，即由原金朝地区的汉人和部分女真人、契丹人组成的部队，还包括早期改编的南宋降军；新附军，即灭南宋前后改编的原宋军，此外，侍卫亲军中还有不少按族属组编的色目人部队。

军队按十进制编制，分为万户府（统兵 3000—7000 人）、千户所（统兵300—700 人）、百户所、牌子等 4 级，分由万户、千户、百户、牌子头统领。非蒙古军的万户府、千户所又置"达鲁花赤"，是为监军官，专由蒙古或色目贵族担任，万户府上设都万户府、大都督府等，侍卫亲军在千户所上设指挥使司。

蒙古军主要是骑兵，汉军、新附军大多为

步军，也配有部分骑兵。水军编有水军万户府、水军千户所等。炮军由炮手和制炮工匠组成，编有炮手万户府、炮手千户所，设有炮手总管等。一部分侍卫亲军中，还专置弩军千户所，管领禁卫军中的弓箭手。

军队根据承担任务的不同，区分为宿卫和镇戍两大系统。宿卫又分为皇帝直辖的"怯薛"军和由枢密院统领的侍卫亲军，平时主要护卫宫廷，守卫京畿，战时也出京征伐；镇戍诸军，屯戍于全国冲要地区。北方是蒙古军、探马赤军的重点戍防地区；淮河以南主要由汉军、新附军屯戍，并配置部分蒙古军和探马赤军。边境地区由分封或出镇其地的蒙古宗王所部和土著部族军配合镇守。各级军官一般实行世袭制，但朝廷能调动和另行任命。

被划为出军当役的人户称军户，父子相继、世代相袭，不准脱籍。蒙古军、探马赤军和汉军军户，占田地四顷以内的可免交地税，一般可免除科差杂役。对上述三种军户，分别设立专门的管领机构，称为"奥鲁"，负责监督军户出丁当役，保证战时有充足的兵源，并要向军户征发其当役亲属所需的钱物。蒙古军、探马赤军的家属多随军迁徙，与屯驻地点相隔不远，其"奥鲁"隶属于当役军人所在的万户府、千户所之下，汉军出征，家在乡里，其"奥鲁"由所在州县管民官兼领，新附军多未设置"奥鲁"，军户由所在地区管民官与本军协同治理。

蒙古族为游牧民族，因而极其重视对马匹的管理，在中央设太仆寺专掌马政，在水草丰盛地区设养马千户所监牧，如果有民户养马30—100匹的，必须抽取一匹马入官，此外根据战争需要还经常强征民马。

中国古代军事

# 八、明朝军制

明朝（1368—1644 年），公元 1368 年由朱元璋建立，初定都南京，成祖（朱棣）时迁都北京。

明代的军事机关体制是经过几度调整变革后才最终固定下来的。起义时期，朱元璋以都元帅身份自行枢密院事，亲自指挥全盘军事，以后改行枢密院为大都督府，设大都督一人，名义上是"节制中外诸军事"，其实，一切大小军政，包括军官任免、军队调遣、战役指挥、战略考虑等都由都元帅决定，大都督府不过是主持后勤给养，军丁军户管理、考绩、马政等日常事务。大都督统军作战不许擅做主张，必须能奉命进止，朱元璋在行中书省内设户、礼、刑、工四部，独不设吏、兵二部，正说明人事和军事大权不容假借于人。即使如此，后来为了众设多官而分其事权，还是对此作了部分的调整，虽然仍保留大都督府，但免去大都督一职不设，改设左右都督、同知都督、副都督、金都督若干人，均为大都督府的长官。

明王朝建立后，在中书省下的六部已有兵部，这对一个统一的封建大帝国来说，确实不可少。明初，将原来由大部督府掌管的武官任免、考绩、荫袭、军队的训练、后勤给养、军丁军户管理等军事行政工作划归兵部掌管，大都督府仅保留统率全国军队的职权。

到洪武十三年（1380 年），撤废中书省、改组大都督府，将大都督府分设为前、后、中、左、右五军都督府。中书省和大都督府的同时大变动，是当时明王朝中央军政制度大改组的两翼，具有重要意义。规定五军都督府互不统辖，分别与兵部直接联系工作，统一奏请皇帝裁定，每一个都督府内设有左右都督、都督同知、都督金事、副都督等，俱为负责官员，由朝廷指定各都督府分别统率全国各都司、卫、所，不得随便变动。到此，统军的部门便一分为五，领导人更是由一个增加到好几十个，任何统军的都督都绝不可能

古代军制

率本部军兵与朝廷对抗了。

其实，任何一个都督府及其中的任何一个都督，连率领本部军兵的权力也是没有的，因为明王朝还规定：兵部有出兵之令而无统兵之权，五军都督府有统军之权而无出兵之令，有军事行动时，兵部奏请委派某一都督府某一都督率兵出战，而分调其他各都司、卫、所的兵丁归其指挥，军事行动结束，将帅即归回原都督府，兵丁归回原工所建制。这种体制防范军权旁落，掣肘了将帅们的职权，但同时也大大削弱了军队的军事威力。

明代设在地方统率军队的部门分为都指挥使司、卫、所三级。都指挥使司又叫都司，是负责一个地区统率军队的领导性机关，辖有若干个卫和所，是省一级"三司"之一，设都指挥使一人，都指挥同知二人，都指挥金事四人，还根据需要设置若干僚佐胥吏，全国各个都指挥使司分别辖属五军都督府领导。

在都司以下，军队的组织分为卫、所两级，每卫设指挥使一人为长官，大体上统兵 5600 人，卫以下再分为五个千户所，设千户为长官，统兵 1120 人，千户所以下再分为十个百户所，设百户，统兵 12 人，在百户之下设总旗二，每个总旗领五小旗，每小旗领军 10 人。

卫、所的分布，主要根据军事的需要，一般在形势险要的地方设卫，以下再分设千户所为军事据点。除此以外，明代还设有专门的特殊卫所和军队，如所谓亲军各卫，又叫上十二卫，是专门负责警卫皇宫皇城的御林军，其中的锦衣卫还逐渐发展成为特种的镇压部门，由皇帝直接指挥做缉捕刑狱的工作，这些卫不归五军都督府统率，直属皇帝指挥。又如在军队中设有京军三大营，也是皇帝直属的装备最好、训练较精的特种部队，五军都督府对它们是无权过问的。

中国古代军事

# 九、清朝军制

　　清朝（1644—1911 年），中国历史上第二个由少数民族入主中原建立的全国性统一王朝，也是中国最后一个统一的封建王朝。

　　清朝有八支武装力量：八旗兵、绿营兵、湘军、准军、防军、练军、海军和新军，军制经历了传统军制（经制兵）到勇营制（湘军、准军）再到传统军制（防军、练军）到近代军制（近代海军、新建陆军）。

## （一）八旗兵

　　八旗兵是努尔哈赤所创的经制兵，起自兵民结合、军政结合、耕战结合的八旗制度。"旗"是满族军制名，明万历二十九年（1601 年），努尔哈赤在"牛录"的基础上形成。"牛录"是女真在氏族、部落阶段出师、狩猎当中形成的组织形式，原来每"牛录"10 人，万历二十九年扩为 300 人。同年设立四固山，固山就是旗，每旗含五甲喇，每甲喇为五牛录，分别使用黄、白、红、蓝四种旗子，因而是四旗。万历四十三年（1615 年）扩为八旗，在原来的黄、白、红、蓝四旗的基础上增加镶黄、镶白、镶红、镶蓝四旗，旗主由努尔哈赤的子侄充当，皇太极时期又扩为二十四旗，即加上蒙古八旗和汉军八旗，二十四旗中起核心作用的还是满族八旗。八旗每旗指挥人员设都统（固山额真）一人，副都统（梅勒额真）两人，参领（甲喇额真）五人，牛录的统领是佐领（牛录额真），佐领居参领之下。

　　八旗在开国时期有亲军营、护军营、前锋营、骁骑营、步兵营五个兵种，入关后又增加圆明园护军营、火器营、键锐营和神机营。八旗兵世代军籍，实行世兵制，八旗中每个 16—60 岁的男子随时准备在战时披挂上阵。

　　八旗兵入关后约 20 万人，分为京营和驻防两部

分。京营旗兵驻京城四周，保卫皇宫和京师，主力是骁骑营、步军营和护军营，驻防八旗分驻各省冲要地点。

八旗兵擅长骑射，装备主要有战马、云梯、大刀、盔甲、弓箭、配刀、藤牌、鹿角、鸟枪、红衣大炮等，蒙、满八旗善骑射，平旷作战是他们所长；汉军八旗善火器，围城攻坚和水上作战是他们所长。

### （二）绿营兵

因为旗兵太少，不足以控制全国，所以皇太极的弟弟多尔衮在清军入关后，改编明朝投降的士兵并招募汉人参军，因为军队使用绿旗，所以叫绿营兵或绿旗兵。

绿营兵源开始实行招募制，后来转向世兵制。绿营兵除少数配合驻防八旗拱卫京师以外，绝大部分都驻扎在各地，维护地方安全，在京绿营统一由八旗步军统领，地方上的绿营由地方长官统领，因此绿营在地方上的最高军事长官是总督，没有总督之省则是巡抚，操练和征战由提督和总兵负责。

绿营分陆营和水师两个兵种，各有马兵、步兵、守兵三个部分。绿营总人数一般保持在六十万人左右，驻军组织有标、协、营、汛四级，总兵以上的官员率领的绿营兵叫标兵，标有督标（总督统辖）、巡标（巡抚统辖）、提标（提督统辖）、镇标（总兵统辖）、军标（成都将军统辖）、河标（河道总督统辖）和漕标（漕运总督管辖），后三标与前一标（督标）相并列。标下是协，由副将统领，标兵是绿营的主力，协下是营，由参将、游击、都司、守备分别统领，营下为汛，由千总、把总分别统领，总督除管督标各营外，还管本区内巡标、提标、镇标诸标，而巡抚没有管辖提标、提标诸标权。

绿营以营建制，各标均以营为基本单位，营的统领是参将、游击、都司和守备，地位与州县官相当。

绿营兵多为步兵，常用武器有刀、枪、矛、箭，还有鸟枪、铳枪和抬枪，也有大炮。

绿营始于顺治朝，名为六十多万，但缺额六七万，同光时屡裁，但与清朝相始终。

### （三）湘军与淮军

湘军由曾国藩创建，兴起于团练、乡勇，是咸丰朝的军阀武装，后成为清朝正规军，曾镇压了太平天国起义，后来在甲午战争中为日军摧毁。

曾国藩于咸丰二年受咸丰帝之命以罗泽南、王鑫团兵为基础组织地方武装。团练，开始叫湘勇，后来称湘军。他用明戚继光和嘉庆时浙江人傅鼐之法训练。三年春，曾国藩增募 3000 兵，并派罗泽南率兵赴南昌救受太平军围困的江忠源。鉴于太平军有强大水师，除陆师外曾国藩又在咸丰四年建立了水师，共有船 240 多艘，水勇 5000 人。

湘军实行募兵制，在选将、招募、教育、编制、训练、武器、饷源上与绿营不同。选将、募勇原则和将士之间的关系是将有治军之才，不怕苦，不怕死，不汲汲于名利，士兵要朴实，并有全家担保，将士之间实行家长制，兵为将有，士兵服从营官，营官服从将领，将领服从曾国藩。

湘军陆师 5000 余人共 13 营，每营 500 人，下设 4 哨，哨辖队，1 哨有 1 至 8 队，1 队 10 人。水师 5000 人共 10 营，每营开始 440 人，船 21 艘，后来 500 人，船 30 艘，1 营 30 哨，每船 1 哨，马军 1 营，分 5 哨，每哨 5 棚，1 营 250 人。水陆师指挥员加上战斗员，再加上水手、丁役等，全军共 17000 人，攻打天京时总兵力达到 12 万人。

湘军装备有刀、矛、抬枪、劈山炮、小炮、鸟枪、船、马匹等。武器先进，刀矛与火器并重，水师装备洋炮。湘军用儒家思想教育，训练严格。军饷自酬，实行高薪饷，比绿营多一倍有余，兵饷名义上是自筹，实际上一靠捐输，二靠各省督抚支援。

淮军是李鸿章奉曾国藩之命为镇压太平天国于同治元年初在安庆组建的军阀武装。李鸿章招募 3500 人，曾国藩拨给 3000 人，共 6500 多人，同治四年发展到六七万人，编制模仿湘军，在装备方面优于湘军，洋枪洋炮多，并且采用洋操。

乡勇本来是正规军的辅助力量，有事征调，无事遣散，但湘军、淮军在咸同间是清朝用来镇压太平天国的唯一军队，充当了正规军的角色，这是清朝军事制度上的一大演变。

### （四）防军与练军

为避免朝廷猜忌，当太平天国镇压下去后，曾国藩裁撤 25000 人，留万人守南京，15000 人为皖南北之师，余下的湘军与淮军都是勇营，他们留下来用于国防，称防军。

同治初年，各省督抚从绿营中挑选一部分人照勇营办法训练，不用刀矛弓箭，换用洋枪洋炮，称为练军。练军始于同治二年刘长佑编练直隶。同治五年到光绪九年，各省也从绿营中挑选优秀将士开始练军训练，于是防军和练军便成为清朝的正规军。

### （五）海军

清朝海军的建成是洋务运动的一个成果，两次鸦片战争的失败，使清朝萌发了建立海军的意图。同治十三年（1874 年），日本侵略台湾，更加刺激了清政府建立海军的计划，并开始行动。经过十年的努力，先后建起了北洋、南洋和粤洋三支海军，其中粤洋海军分福建海军和广东海军，北洋海军驻守大沽、旅顺、营口、烟台，南洋海军驻守江宁、吴淞、浙江，粤洋海军负责海口、台湾、厦门、琼州、广州等福建和广东海面。

福建海军在光绪十年前有各种舰船 16 艘，在中法之战中损失殆尽，南洋海军在光绪十年前有大小舰船 17 艘，也遭受重大损失，广东海军在中法之战前有各种舰船 25 艘，但都比较小。相对充分发展的是北洋海军，北洋海军是海军的主体，到光绪十四年，全军 4000 多人，有大小舰船 25 艘，其中巡洋舰 7 艘、铁甲舰 2 艘、蚊炮船 6 艘、练船 3 艘、运船 1 艘、鱼雷艇 6 艘。光绪十一年成

中国古代军事

立的海军衙门颁布了《北洋海军章程》，在旅顺、威海卫修建了炮台，还有其他一些配套设施，形成完备的海军体系。

北洋海军有船制和官制两种编制。船制分右翼、左翼、中军、后军4队，中军、左翼、右翼各由3舰构成，后军由炮舰、鱼雷舰和练习舰各3艘以及运输船1艘构成。官制，李鸿章为总节制，下面提督1人、总兵2人、副将5人、参将4人、游击9人、都司27人、守备60人、千总65人、把总99人，除李鸿章以外一共272名官员。

## （六）新军

新军是甲午战争后清朝采用新式装备，运用资本主义国家的练兵方法和军制建立起来的近代化陆军。

新军的开头是光绪二十年冬广西按察使胡□□按照德国的陆军建制、战术，使用洋枪洋炮训练的"定武军"，共10营，步队3000人，炮队1000人，马队250人，工程队500人，共4750人。光绪二十一年由袁世凯接手更名为"新建陆军"，人数扩大到7000人，其中增加了步兵2000人，马队250人。

新军建制一是分兵种，二是实行营制。全军分左右翼（相当于旅），下面有营、队（相当于连）、哨（相当于排）、棚（相当于班）。总统1人（袁世凯摄），两翼各有翼长1人、统领1人、分统2人，营有统带官1人、帮统官1人，队有领官1人，哨有哨官1人、哨长2人，棚有正副头目各1。新军机关有总部，下设参谋营务处、执法营务处、督操营务处、稽查营务处等。

新军除袁世凯的陆军外，还有光绪二十一年（1895年）张之洞在江宁编的

自强军。该军也分兵种，步队、炮队、马队和工程队，全军13营，步队8营，炮队2营，马队2营，工程队1营，编制仿欧洲军队步兵营分5哨，250人；炮兵营分4哨，200人；马队分3哨，180人。工程营100人，请35名德国人当教练，将领贝伦可多夫作总教练，天津和

湖北武备学堂学员为分教练。

　　自强军后来由刘坤一接办，最后归袁世凯，做他的武卫右军。

# 古代阵法

东方的战阵起源于中国。在世界古代历史中，中国的军事学曾在许多方面处于领先地位。"阵"是在军队产生的过程中，由于组织军队和指挥战斗的需要而出现的，融合了军制学和战术学的成果。中国最早的阵法，据传始于黄帝——黄帝为战胜蚩尤，从神那里学到阵法。而有据可考的关于"阵"的记载，则开始于商朝后期。

# 一、中国古代阵法的产生及发展

## （一）中国古代阵法的产生

中国古代军事学源远流长，成就巨大，在世界军事史上写下了光辉的篇章。中国很早就出现了金属兵器和战车，建筑了被誉为世界奇迹的古代防御工程体

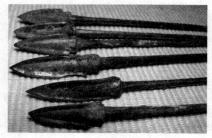

系——万里长城；火药、指南针的发明和火器的创制，在世界军事史上有深远的影响；涌现了许多杰出的军事家、军事理论家和军事技术专家；最早创立了较系统的军事理论，从先秦到清代前期，先后有两千多种兵书问世，并留下一些有价值的军事历史、军事地理著述，编纂了卷帙浩繁的军事类书。

人类最初的战争，主要是制作和使用石（骨）兵器。相传约四五千年前，中国父系氏族社会部族融合时期，黄帝、炎帝两大部落联盟同蚩尤部落联盟战于逐鹿之野，蚩尤部落"以金作兵器"。说明中国在原始社会末期，已开始生产金属武器。

公元前二千多年，中国第一个奴隶制国家夏王朝建立后，虽仍以石兵器为主，但已能制作刀、戈、戚、镞、矛、匕首等青铜兵器。商代有了专门炼铜的坩埚，能较大量生产铜兵器，开始了以金属兵器为主的时代。西周制造铜兵器的技术和形制都有显著改进，出现了合戈、矛为一体的戟。周代青铜兵器制造进入鼎盛时期。

古代军队已成为国家机器的重要组成部分。商代军队编制最大单位是"师"。士卒由贵族和自由民充任，战时应召出征。奴隶在军中一般只担任运输或勤杂劳役。西周军制沿袭殷商而有所发展，已有军、师、旅、卒、两、伍的编制。

文献记载表明，夏初甘之战已出现战车。商在灭夏的鸣条之战中使用战车70乘。商代后期车战已成为主要作战方式。武王伐纣用战车300乘，周宣王攻

中国古代军事

楚用战车 3000 乘。车战一般在平原地区进行，根据地形情况将战车列成方阵，作战时通常是对攻。在作战指挥上，最迟到西周中晚期已用金鼓旌旗。

世传所谓黄帝兵法，虽难以稽考，但到氏族社会末期，战争指导中已不乏谋略。军队出现后，谋略运用成为重要问题。据载夏少康以武力夺回王位时，在战前就注意谋略，还派出了军事间谍；商灭夏，先攻取夏的属国，改变了力量对比再伺机决战；周灭商也采取由近及远、先弱后强地剪除对方羽翼的谋略，然后趁商王室内部纷乱、商都空虚之机，联合诸侯大举东征；牧野之战武王誓师，揭露商纣罪行，进行战场动员以鼓舞士气。

古代军事理论，并非一开始就以兵书形式出现，而是散见于国家的典章法令和其他文献之中。《易经》的卦辞和爻辞中就有一些反映商、周之际谋略思想的内容。如认为国政衰败不能兴师，深得民心则可用兵；主张师出有名，纪律严明；作战时避敌锋锐，伺机而动，诱敌而动等。中国古代最早的文献汇编《尚书》和诗歌总集《诗经》也记述了夏、商、周三代一些军事理论片断和零星的谋略思想及战争情况。

春秋以前已有专门的军事文献《军志》《军政》，这是中国古代军事学诞生的重要标志，相传，中国最早的阵法已于春秋之前形成，后由孙膑总结为"八阵"，可惜它们已经失传，仅能从其他典籍的一些引录中窥其一斑。

### （二）中国古代阵法的发展

秦统一之前天下长期处于战争之中，各国的常备军数量庞大且有效，从客观上保证了通过阵法对士兵进行有效的约束，也保证了将领们能有效地排出他们想要的、最适合战场形势和双方兵力对比的阵势。秦灭六国，天下一统，秦二世时，陈胜吴广起义，天下大乱，涌现出两股有影响力的义军。一是西楚霸王项羽，二是汉王刘邦。此时的步兵阵在中国几乎已发展到一个高潮，随着三十几万秦军主力被项羽在巨鹿击败，早期的楚汉争霸几乎再也没有出现过大兵团，有组织地将阵用于战争，这样比刘邦更强悍的项羽占尽了优势，一度把刘邦打得狼奔豕突，溃不成军。只是在韩

古代阵法

信出现之后，汉军才凭借其出色的用兵，终于击败不可一世、只凭勇力的西楚霸王。东汉建立后，随着北方匈奴的屡屡入侵，汉军的步兵又几乎没有用处，只好凭借强大的国力组建庞大的骑兵集群。而骑兵又不大可能像步兵一样进退有序地列阵，这就意味着将步兵的阵近乎完全放弃（只有弩兵的战术雁行阵还保留着）。骑兵的战术大部分时间里就是正面突击、长途奔袭、战略合围、断敌后路等等。但这时的汉骠骑大将军霍去病琢磨出了一种新战术——车悬。总的来说，这一时期阵的发展处于停滞、甚至是倒退状态。两汉之后，进入三国两晋，中国在骑兵方面对北方民族的优势丧失殆尽。三国时期曹操深知阵的奥妙不在兵的多少，而在纪律是否严明，士兵是否有足够的战斗力。经过隋、唐二百多年的短暂强盛之后，中国又一次陷入了军事上的低潮，反过来说，步兵的阵又一次得到了极大的发展。在宋明两朝，"岳家军"的"疏阵"、戚继光的"鸳鸯阵"都在军事作战中产生了深刻的影响。随着中国古代火药开始应用于战争以及中国国门的被迫打开，古代阵法也逐渐退出历史舞台。

中国古代军事

# 二、春秋前十大古阵

队列不是凭空产生的，队列的出现是有着实战意义的。如果溯源的话，现代队列的远亲应该是冷兵器战争时代的"阵"，"阵"是存在的，阵法是一种战斗队形的配置，在古代战争短兵接战的条件下，为求战场上统一指挥和协同动作而产生的。中国古代很讲求阵法，代有传书。对古代军阵进行钻研的军事学博士金玉国对"阵"的定义如下：所谓"阵"，就是军队在投入战斗时，根据地形条件、敌我实力等具体情况而布置的战斗队形，从基础的一兵、一伍、一列开始，一直到全军，都做到"立兵伍，定行列，正纵横"。换句话说，"阵"就是各种战斗队形的排列和组合。最早的阵应该是起源于原始社会的狩猎活动之中。在我国奴隶社会中所使用的阵，在今天大多数已经随着岁月流逝了，我们仅能通过古代典籍来对当时的阵进行模拟、研究。下面就介绍一些典型的或者记载比较详尽的阵法。战国时期《孙膑兵法》集先人之大成，将春秋以前的古阵总结为"十阵"。这"十阵"分别是方阵、圆阵、疏阵、数阵、锥形阵、雁形阵、钩形阵、玄襄阵、水阵、火阵。水阵和火阵讲的是水战和火战的战法，不是单纯的战斗队形，所以孙膑"十阵"实际上只有八种基本的战斗队形。

## （一）方阵

方阵是冷兵器时代，军队战斗的最基本队形。大的方阵都由小的方阵组成，这就叫 "阵中容阵"，孙膑认为方阵应该"薄中厚方"，就是说方阵中央的兵力少，四周的兵力多。中间兵力少，可以虚张声势。四周兵力多，可以更好地防御敌人进攻，方阵是一种攻防比较平衡的阵形。指挥等金鼓旗帜一般部署在方阵的后方。

## （二）圆阵

　　圆阵是古代野战防御战时的战斗阵形，系古代"十阵"之一。《孙膑兵法·十阵》中解释说："圆阵者，所以槫也。"（槫，假借为团，意义是采取环形防御。）意谓圆阵的作用是当军队在野战中转入防御时，就要由方阵变为圆阵，采取环形防御。《武备志》卷五十四有"裴绪演孙武圆阵图"，可供参考。圆阵用于防守的情况，在古代战争中有不少实例。如《汉书·项籍传》载：项羽兵败于垓下（今安徽灵璧南）后，仅剩二十八骑。为了作最后的防御，项羽乃"为圆阵"，即结成一个小的圆阵。又如《魏书·杨播传》载：北魏时的左将军杨播在一次南征时，被敌军围困于淮河南岸，杨播"乃为圆阵以御之"。圆阵是为了进行环形防御的。金鼓旗帜部署在中央，没有明显的弱点。

## （三）疏阵

　　疏阵是古代作战时因己方兵力少而采取的一种疏散的战斗队形，系"十阵"之一。《孙膑兵法·十阵》中说："疏阵者，所以臾（虚张声势之意）也。"意谓疏阵的作用是为了虚张声势。孙膑认为，疏阵的列法，是由于兵力少，所以要显示强大。可用旗帜显示威武，可用较多的武器显示人多。因此必须加大行列间的距离和间隔，还要多竖些各式各样的旗帜，把光亮锋利的武器插在旗旁。队列稀疏，不可让敌人迫近；战车不要驰骋，步兵不要急走。疏阵的一般用法在于把士卒分成若干战斗小群，或者前进，或者后撤；或者出击，或者固守；或者给敌人以威胁，或者截击精疲力竭的敌人。若如此，疏阵就可以打破敌人的精锐部队。

## （四）数阵

　　数阵是古代作战时采取的一种密集的战斗队形，系古代"十阵"之一。

中国古代军事

《孙膑兵法·十阵》："数阵者，为不可掇。"（掇，掠取，引申为割取、击破。）意谓数阵的作用是防止敌军击破。孙膑认为数阵的列法是，行列间距离间隔要缩小，但必须行列靠近而不混乱，兵器密集而使用自如。前后要能相互支援。若敌人退走，不要出阵追击；敌人进攻，不要出阵阻击，或者截击其迂回部队，或者挫其前锋锐气。阵势要严密得无隙可乘，两翼要稳如泰山。若如此，便不会被敌人攻破。

## （五）锥形阵

前锋如锥形的战斗队形也就是"十阵"中的"锥形阵"。锥形阵必须前锋尖锐迅速，两翼坚强有力，可以通过精锐的前锋在狭窄的正面攻击敌人，突破、割裂敌人的阵形，两翼扩大战果，是一种强调进攻突破的阵形，锥形阵又叫牡阵。

## （六）雁形阵

所谓雁形阵是一种横向展开，左右两翼向前或者向后梯次排列的战斗队形，向前的是"V"字形，就像猿猴的两臂向前伸出一样，是一种用来包抄迂回的阵形，但是后方的防御比较薄弱。而向后的排列的就是倒"V"字形，则是保护两翼和后方的安全，防止敌人迂回，如果两翼是机动性比较强的骑兵，则在静止时，可获得处于中央步兵的保护与支援，而又可发挥进攻骑兵的威力，增加突然性。亚历山大在印度进行的会战就是采用近似于这样的一种队形。

## （七）钩形阵

钩形阵正面是方阵，两翼向后弯曲成钩形，保护侧翼的安全，防止敌人迂回攻击后方指挥金鼓之所在。

### (八) 玄襄阵

　　古代作战时所采取的一种疑阵，系古代"十阵"之一。《孙膑兵法·十阵》："玄襄之阵者，所以疑众难敌也。"意谓玄襄之阵的作用是迷惑敌人，使其难以实现原来的企图。孙膑认为，玄襄之阵，必须多设旗羽，鼓声错杂而雄壮，士卒表面混乱而实际稳定，兵车看来杂乱实际却在行进，让整治有序的兵车和士卒故意发出嘈杂的声音，好像从天而降，如同自地而出，步卒往来，终日不绝。若如此，就会迷惑敌人，打乱敌人原来的部署。

### (九) 水阵

　　水阵是古代用于水上作战的战斗队形，系古代"十阵"之一。《孙膑兵法·十阵》："水阵者，所以伥固也。"（伥，引申为加强。）意谓水阵的作用是增强防御的稳固性，或淹没敌人的防御设施。孙膑认为，水战的方法，必须多用步兵，少用战车，让部队把钩子、木筏、小艇、叉子、快艇、桨、船等各种水战用具都准备好。船队前进时，必须前后相随，后撤时不要相互拥挤。船只亦可并列起来，顺流而下，以敌军人员为射击目标。水上战斗的方法是，用轻便船只作指挥船，用快艇进行联络，敌人退走就追击，敌人前进就迎战。进退都要根据情况慎重处理，使船队严整有序。敌人移动时要阻碍它，敌人布阵时要袭击它，敌人调整部署时要分割它。敌军武器的种类、车辆和步兵的数量，都必须查明。一面攻击敌船，一面封锁渡口。同时还要把敌兵到来的情况，告知兵民。

### (十) 火阵

　　火阵是古代用于火攻的战斗队形，系古代"十阵"之一。《孙膑兵法·十阵》："火阵者，所以拔也。"意谓火阵的作用是拔除敌人的营寨。孙膑认为，火攻的方法，沟垒都筑成了，还要再挖一些沟堑，每隔五步，堆放柴草，要疏密均匀，纵火的人不必多，令每人都准备一支纵火用的草把，动作必须敏捷利落。要注意方向，避开下风，以免火烧自己，否则不但不能战胜敌人，反而会因此而失败。若敌处下风，又在低而平坦、野草丛生的地方，火发时，敌全军将士就无处可逃。在此情况下，就可以用火攻，尤其是大风天气，杂草丛生，柴草齐备，敌人营寨，戒备不严，更可以用火攻。

# 三、几大古代重要阵法

　　战阵是士兵士气的源泉，尤其是对于单兵作战能力弱于对手的一方来说，更需要重视保持阵形。只有保持阵形，才可发挥出集团作战的威力。在这一点上，我国古代要比西方认识的明确得多。古代战争和现代战争一样，最大的伤亡和战果不是在有组织的对抗中，而是在破坏了敌军有组织的战斗之后，而阵则是组织作战的外部表现形式。也就是说，破坏了阵形之后才是屠杀的开始。

所以说，在实力相差不大、双方互相对峙的情形下，战斗双方往往想方设法破坏敌方阵形的稳定性。比如派遣少量骑兵，不断反复地冲击，防止敌人布阵，例如春秋时期，楚国与晋国进行的一次交锋中，楚军就逼营布阵，防止晋军成阵。而晋军填平灶坑水井，撤掉营帐，最后撤掉栅栏成阵。而布阵过程中，往往派遣弓箭手占领控制一定地幅，使用远程攻击武器控制大片地域，用句旧小说或者评书中的话来说就是"射住阵脚"，防止敌人冲阵。在破阵时，或派遣强悍勇士为先导，破入阵中而大军随后进行强行突破，而成语中所说"陷阵之士"，就是指此。或引诱敌军进入复杂地形，或迂回攻击薄弱部位。在如此残酷的古代战争中，将士们不得不精研阵法，使得阵法在历次战争中经受磨炼，终于结出了丰硕的果实。以下便是对几大古代重要阵法的介绍。

## （一）鹤翼

　　鹤翼是古代战争常用阵形，是专供包围用的阵形。此种阵形，主将位于中央（多半是弓步兵），两侧是副将，两侧最好使用强的部队（骑兵为多），当敌人后方有我方部队出现时，两翼立刻可以拉长，跟我方部队会合，立刻形成包围。这被认为是唯一可以积极攻击的阵形。其实严格说来，也就是要形成包围

中国古代军事

圈。这种阵形的弓箭攻击力较不集中，所以效果不是很强，一般会跟雁形进行比较。

### （二）　鱼鳞

鱼鳞是把兵团分成五到六段，一层压一层的阵形。主将的位置是位于中后方，鱼鳞跟锥形的不同点，就在于三角形的宽度，而且鱼鳞在前方的部队，通常跟保护主将的是一样密集的。这样的排列造成鱼鳞跟锥形迥异的结果。由于锥形的部队比较散，所以互相推挤效果小，移动速度非常快。但是速度稍慢的鱼鳞却可以突击（因为最前方的部队很密集，全军才不会被冲散，锥形却会）。鱼鳞跟鹤翼都是"文官阵形"，也就是主将不用在前面亲自带头攻击，而是躲在后面。但是鱼鳞防守力很弱，被人背后一冲，立刻全军溃散，因为背后露出太多了。

### （三）　锋矢

顾名思义，"锋矢"就是在全军形成箭状的样子。主将的位置在最前面，所以适合战斗力高的勇将。由于最前面的部队非常密集，所以也是突击阵形。请注意，所谓的突击阵形，并不是只有这种阵形可以突击，事实上所有阵形都可以下突击令，但是不见得能够做到突击效果（全军穿入敌阵不会被冲散），也就是说，真正战场上有突击的效果，而非只有此部队可以下突击令。此外，此种阵形的后方是一平行队形，所以在山地的移动效果相当好，当然此阵防守也是很弱的（背后露出太多）。

### （四）　冲轭

"冲轭"是车前方的横木，作为阵形就是英文字母 X 形阵。把队形排成 X 形最大的效果就是从前、左、右三方来的敌人都如同前方一样（请注意两排的部队前方朝东北跟西北方）。这是个相当好的山地防守阵形（因为也是线形，所以山地移舆够快）。

### （五）长蛇

全阵分阵头、阵尾、阵胆（中央戊己土）三部分。阵形变幻之时，真假虚实并用。长蛇阵是根据蛇的习性推演而来的，共有三种变化：一、击蛇首，尾动，卷；二、击蛇尾，首动，咬；三、蛇身横撞，首尾至，绞。

由此三种变化，长蛇阵运转犹如巨蟒出击，攻击凌厉。两翼骑兵（古代机动能力强的兵种）的机动能力最为重要，所以要破除长蛇阵，最好的方法就是限制两翼机动能力，以使其首尾不能相顾。所以，最佳的方法就是，揪其首，夹其尾，斩其腰。详细方法就是在我方步兵阵群中设置陷阱，以两个步兵方阵协作阻止对手两翼骑兵运动，使其无法发挥其机动灵活的能力，再以强悍重骑兵为主对其蛇腹步兵发动强悍冲击，使其阵形散乱无序。一举击溃步兵方阵，将长蛇阵切割成为三块，如此一来，长蛇阵各自为战，无法再以三方配合作战，阵势不攻自破。

### （六）车悬

在历史上赫赫有名的"车悬"不是指形态，指的是含义。车悬是一种骑兵阵。军队排成不互相推挤的多列，也就是说，这是一种车轮战法。

# 四、阵法在各重要历史朝代中的演进

## （一）春秋战国时期的阵法

春秋战国时代，是中国历史上的大分裂时期，诸侯国间的征伐已持续了五百余年，中华大地上诸侯林立，战火连绵，一片混乱。

春秋战国时期（公元前 770—前 221 年）是中国古代军事学的兴盛时期。

春秋时期的青铜兵器比西周时轻便、灵巧，戈在形制上比西周有改进。南方吴、越等国的剑，制作得尤为精致。战国时期青铜兵器更加犀利、坚实。

中国最迟在春秋晚期已掌握冶铁技术，战国时期冶铁业已逐渐盛行。到了晚期，不仅能炼出高碳钢，并掌握了淬火技术，于是开始进入以铁兵器代替铜兵器的时代。楚国铁矛锋利，刺人"惨如蜂虿"；韩国的铁制剑、戟；中山国的铁杖、铁锥，在当时都很有名。战国晚期还出现了铁制兜鍪、铠甲。炮的出现和弩的改进及大量使用，是军事技术进步的另一表现。中国最早的炮是抛石弹杀伤敌人的机械，称"投机""飞石机""发石车"等。《汉书·甘延寿传》注引《范蠡兵法》称："飞石重十二斤，为机发，行二百步。"原始社会晚期已有木弩，但弩机极为简单。春秋时弩机已是青铜制造，结构精巧，便于瞄准，弩机射程较远。战国时燕国制造了强弩，韩国劲弩能射六百步之外。据《墨子》城守诸篇所记，战国时期筑城与攻城技术已相当进步，由于武器种类多、数量大，各国普遍建立了专管武器制作、储存、发放的府库。这一时期在军队组织方面，改变了车兵为主的体制。公元前 719 年，鲁、宋等国联军"败郑徒兵"，是中原诸侯国使用步兵的最早记载；春秋末期，吴、越、齐等国的舟师已能在江河、海面作战；骑兵早先多见于北方游牧民族中，战国时赵武灵王实行"胡服骑射"后，逐渐成为中原各诸侯国的一个兵种。

战国时普遍实行了郡县征兵制，大批农民被征集入伍。同时采取募兵制，招募考选武士以充当军队的骨干和组成国君的卫队。

古代阵法

91

如魏国的"武卒"、秦国的"锐士"、齐国的"技击"。

春秋以前的战争一般都由国君统率军队出征,六卿也兼军将。战国时文武分途,已由专职的"将军""柱国""尉"等统兵打仗。作战指导上的变化亦很显著。在谋略方面,逐渐否定了重信轻诈等用兵之道,重视审时度势,因利乘变,如晋国欺骗虞国,假途灭虢后再回师灭虞;另外,还多注意军事斗争和外交斗争结合和敌友力量的分化组合。

春秋以前的战争主要以战胜对方为目的,战国时期则以消灭敌军实力为上。战国时期孙膑在桂陵之战中以"围魏救赵"、在马陵之战中以"减灶示弱"诱敌就范的谋略,在古代军事史上具有重要学术价值。

在战法方面,春秋时期已逐步突破商、周以来的两军对阵、正面攻击的惯例,采用了多种方式作战,有两翼突破、再捣中坚(如鄢陵之战)或设伏诱敌、乘势歼灭(如鸡父之战),或疲敌而击、后发制人(如长勺之战),等等。

战国时设守要害和利用城池防御,成为克敌制胜的重要手段,如晋阳之战、即墨之战都是经旷日持久的坚城防御而最终得胜的,有的还挖地道作战。在阵法方面,春秋初期的口葛之战,创造了有名的"鱼丽之阵",使车阵趋于严密灵活。战国时阵法已多种多样,银雀山汉墓竹简中提到了方、圆、疏、数、锥行、雁行、钩形、玄襄、火、水等十种阵法。春秋战国之际,为适应战争指导的需要,军事理论著作相继问世,《孙子》是其中杰出的代表。《孙子》总结了春秋及其以前的战争经验,具有深刻的谋略思想,在一定程度上反映了战争的一般规律。它初步认识到战争的本质,强调战争"必取于人";它分析战争中的奇正、虚实、勇怯、强弱、利危、攻守等对立的现象及其互相转化的关系,体现了朴素的辩证思想;它揭示的某些战争规律和作战原则,如"知彼知己,百战不殆""攻其无备,出其不意""致人而不致于人"等,至今仍不失其科学价值。

《孙子》这部名著中的军事理论和哲学思想,达到了当时的最高水平,成为后世兵书的典范,影响深远。明代军事理论家茅元仪认为,"先秦之言兵者六家,前孙子者,孙子不遗。后孙子者,不能遗孙子",道出了这部划时代著作承前启后的意义。《孙子》在唐代中期传入日本，18 世纪下半叶传入法国，后来又传入俄、英、德等国，成为近代军事理论的一个重要思想源泉。继《孙子》之后，战国时期兵书中，具有代表性的有《吴子》《司马法》《孙膑兵法》《尉缭子》《六韬》等。它们在继承《孙子》军事思想的同时，又有所发展和创新。如《尉缭子》提出了"兵者，以武为植，以文为种；武为表，文为里"的真知灼见；《孙膑兵法》认为富国才能强兵等等。

春秋战国时期剧烈的社会变革，带来意识形态领域的空前活跃。各派思想家、政治家对战争问题各抒己见，是"百家争鸣"在军事上的反映。其中论兵内容较多、影响较大的是儒、墨、法、道四家。如儒家的仁义为本、足食足兵和强调组织训练的思想；墨家的休养生息和注重武器与军事工程的主张；法家的讲耕战、重实力、权术和刑赏的观点；道家的"慈故能勇""柔弱胜刚强""进道若退"的辩证命题等，都给历代军事思想以深刻的影响。先秦诸子论兵，开创了古代非兵家论兵的传统，成为中国古代军事学的一个重要特点。中国古代的军事历史学，不像古代欧洲那样首先以记述战争历史的专著出现，而是在其他史籍中包含有大量关于军事历史的内容，如编年史《左传》、国别史《国语》、典章制度汇编《周礼》和策士论集《战国策》等。军事地理学亦发端于春秋战国时期，如《孙子·地形篇》《管子·地图篇》都有这方面的论述。研究在战争中如何利用地理条件、利用阵法取胜，已成为兵书中的重要内容。

**（二）三国时期的阵法**

两汉之后，进入三国两晋，中国在骑兵方面对北方民族的优势丧失殆尽。不管是战马的来源、数量，还是长于骑术的士兵都有所不及，以至于当时评价一个将领武艺精熟也要用"弓马娴熟"来表示，而这在两汉时是很正常的事。此时的步兵阵威力已大不如前，首先是阵所遇到的对手不同于战国时期，并且自身也有了改变，多是步骑兵混合军队，这样就大幅降低骑兵的威力，并且不能将骑兵的作用进行有效的发挥。另外这

时的兵员也大成问题，人口之少难以想象，能提起兵器上战场的更是少之又少，这种结果使得该时期的兵员质量差到无以复加的地步（当然也有少量精兵）。但是由于战争频繁，又不可能对他们进行有效的训练。众所周知，阵对各兵种、个人需要紧密配合，并且需要有非常严明的纪律，这对他们来说是可望而不可即的事情。在这样困难的前提下，涌现出了许多阵法，其中最为典型的是曹操的打法，他可以说是深知阵的奥妙不在兵的多少，而在纪律是否严明，士兵是否有足够的战斗力。选其精锐，练成精兵，他们的训练时间和作战时间都很长，作战也十分有效，从而轻松达到以骑兵单独作战，执行诸如急袭、包围等任务的战略目的。所谓以正合，以奇胜，也就是将纯步兵为正阵，将骑兵作为决定性的力量，不追求一城一地的得失，不求数量上的优势，这也是曹操能以两万兵击败十倍于己的袁绍军的主要原因。相同的战例还有淝水之战，百万秦军一败涂地，而此之前，前秦军队几乎都是以弱敌强，却累战累胜，王猛还以十万步兵列阵击败了前燕的数十万铁骑，可见阵的威力。说到三国时期的阵法，还不得不提诸葛亮的八阵图。谨慎堂《诸葛氏宗谱》就载有"八阵功高妙用藏与名成八阵图"的诗词赞歌。

天覆阵赞：天阵十六，外方内圆，四为风扬，其形象天，为阵之主，为兵之先。善用三军，其形不偏。

地载阵赞：地阵十二，其形正方，云主四角，冲敌难当，其体莫测，动用无穷，独立不可，配之于阳。

风扬阵赞：风无正形，附之于天，变而为蛇，其意渐玄，风能鼓物，万物绕焉，蛇能为绕，三军惧焉。

云垂阵赞：云附于地，始则无形，变为翔鸟，其状乃成，鸟能突出，云能晦异，千变万化，金革之声。

龙飞阵赞：天地后冲，龙变其中，有爪有足，有背有胸。潜则不测，动则无穷，阵形赫然，名象为龙。

虎翼阵赞：天地前冲，变为虎翼，伏虎将搏，盛其威力。淮阴用之，变为无极，垓下之会，鲁公莫测。

鸟翔阵赞：鸷鸟将搏，必先翱翔，势临霄汉，飞禽伏藏。审之而下，必有中伤，一夫突击，三军莫当。

蛇蟠阵赞：风为蛇蟠，附天成形，势能围绕，性能屈伸。四奇之中，与虎为邻，后变常山，首尾相困。

诸葛亮所制八阵图，是在前人阵图的基础上完善而成的。它的出现使得蜀国避免了当时的危机，也同时代表着中国古代阵法达到了最高峰。

### （三）宋朝时期的阵法

宋军在对外战争中累战累败，其步兵在战争中拙劣的表现引起了全国性的反思，不久，在中原又出现了一股重新起用阵对付辽、金骑兵的潮流。宋的兵权大都由文官掌握，虽然其间也有如范仲淹一样明智博学的大臣，但是他们中大部分人只会高谈阔论，贪生怕死，并不懂得实战的要义，于是导致了一些华而不实而又脱离实际的阵法出现，典型的如：车轮阵、冲方阵、常山阵、八卦阵、风扬阵、龙飞阵、太乙阵、五花阵、弯阵、直阵、长虹阵、握奇阵、当头阵、满天星阵、重霞阵、六花七军阵等等，诸如此类还有很多，而忘了一个根本性的条件——人。众所周知，宋代实行的是内重外轻的策略，换言之，就是精锐在内，老弱在外，朝廷把主要青壮年的兵力用在了镇压人民这一方面，而守卫边防的却是一些老弱病残。仅凭这些老弱病残，哪能对仗得了北胡的铁骑，这个神话也只有朝廷和部分文官们才能相信，结果是辽（金）人愈发轻视宋军，每战无不奋勇直击，而宋军则是但遇北人便走，无顾其他。

这种情况持继了百多年之后，岳飞率领的"岳家军"出现在了战场上，他再一次将阵的威力发挥了出来，以步兵击败了号称无敌的女真人的铁骑（岳家军中也有少量骑兵参战，但数量之少，和女真骑兵一比几乎可以忽略不计），使当时乃至后世兵家不得不对阵的作用再作一番重新认识。事实上并非岳飞有着非常先进的阵法，就凭岳家军军纪之严明，作战之勇敢，即便是不列阵，每个人都单打独斗，也不会在与辽军的作战中吃很大的亏，但是，如果仅凭借这些，就想取得如此大的战果也是不现实的。有一部分人

古代阵法

认为岳飞所列的是"满天星"阵法（也有人认为与"七星阵"不过大同小异），"满天星"阵法的布阵图非常复杂，必须要有人从中指挥，置于高杆之上，纵观全局，而在与女真骑兵的战斗中，这种安心指挥、从容调度的阵法无疑是不切实际的，女真人的铁骑会直冲中军，挡，便是以血肉之躯抵抗对手的金戈铁马；不挡，便是弃中军。不管是小说、演义，还是正史都有岳飞亲自出战的记载。所以一般史书更倾向于岳家军摆的是一阵复古的阵法"疏阵"——以数人为一小的战斗团体，长枪、长刀、刀牌、钩枪、朴刀等形成一个组合，一个个小的组合之间各自为战，既不用硬扛女真人的铁骑的冲击，又可以在敌骑冲击过后从侧面或背后袭击，这对士兵的胆量要求很高，而这种混战的场面也是对步兵而言最有利的时候。到了这个时候，凭岳家军的配合，胜局基本已定。宋由于受到北方游牧民族的威胁，而自身又缺乏足够数量与质量的骑兵，为了在平原上以步兵主力抗衡游牧民族的骑兵，所以极为重视阵的作用。不过，宋代实行的是"将从中御"，每次将领出征，皇帝必然"图阵形、规庙胜，尽授纪律，遥制便宜，主帅遵行，贵臣督视"。为了更好地控制领兵出战的将领，往往在出兵前授予将帅阵图，在深宫中规定前线的具体战法。所以，北宋统一之后与北方少数民族的战争大多以失败而告终。而自宋以来，阵形的发展逐渐趋于保守。《武经总要》记载，宋军常用的阵形主要有常阵、平戎万全阵和本朝八阵。

1. 常阵：北宋军队征战，往往把部队分成前锋、后卫等各个部分，由各个部分分别组成的阵形，被称为"常阵"。换句话说北宋军队征战，往往将部队根据战术目的分成各个部分，组成"常阵"，然后组合在一起，进行战斗。它包括以下诸阵：先锋阵、策先锋阵、大阵、前阵、东西拐子马阵、无地分马、拒后阵、策殿后阵等。

2. 先锋阵：是由前锋部队所组成的战斗队形。前锋部队类似于现代的前卫部队。前锋的任务是"御奔冲，陷坚阵，击锐师"，因此北宋也同历代一样，"选精兵，置先锋阵"。

3. 策先锋阵：是由策应先锋的部队所组成的战斗队形，"置阵在先锋阵

中国古代军事

后"。此阵由"骑将一员统之"。当"先锋抗敌或兵势不支,则策先锋为应援",以制敌"奔突"。

4. 大阵:亦称中军阵,是由主力马、步军所组成的战斗队形。一般成长阵(纵队)或方阵。排阵时,"以步军枪刀手在前,杂以旁牌、标枪,当阵面联布、木拒马,或间以大车,谓之'阵脚兵'"。而强弓劲弩在其后排列。同时,"一阵开四门,骑兵居其中,候出战,即开门放战队出"。总之,主力是以"车营"的形式,排成四面防敌"戎马突驰"的阵势。需要出战时,四面开门,放"战队"出战。

5. 前阵:是部署于"中军大阵之前"的奇兵。《武经总要》说,"当敌以正阵,决胜以奇兵,前后左右俱能相应,则常胜而无败"。《武经总要》还引述风后握奇图和辽军布阵之法,认为奇兵数应占大阵兵数三分之一左右。

6. 东西拐子马阵:这是直接保护大阵的一种布阵,"为大阵之左右翼"。之所以置此阵,是鉴于"夷狄用兵,每弓骑暴集,偏攻大阵,一面捍御不及,则有奔突之患,因置拐子阵,以为救援"。此阵兵力数目,也是视大阵兵的人数而为之,且临时抽拣而成。

7. 无地分马:是中军大阵所控制的机动部队。布置在"大将军营阵"的四周,"备缓急驱使"。其兵由各指挥所组成的战队里抽调。机动部队的多少,"临时分置,无定数"。

8. 拒后阵:亦称"殿后",是由后卫部队所组成的战斗队形,布阵于中军大阵之后,以防敌人从后面袭击。宋人认为,在"军阵之制,粮道居后"的情况下,为了防止"粮道断绝",布拒后阵很有必要。《武经总要》说,宋太宗对辽几次作战的失败,都与"粮道"被敌"断绝"有一定关系。因此,从真宗开始,则注意置"兵殿其后",以便"缓急用之,无腹背受敌之患"。

9. 策殿后阵:是由策应殿后的部队所组成的战斗队形。它在拒后阵与主力之间布阵。

10. 平戎万全阵:是宋太宗赵光义亲自制作并授予大将军的,所以颇受重视。平戎万全阵是由前后左中右五军组成,约十七里见方的正方形大阵,把主力步兵部署在阵势的中央。

11. 加强战车:组成三个车营增强步兵的防

御能力与攻击能力，把骑兵部署在前后左右担任警戒和掩护中央大阵。这是一种保守的防御阵形，达到以步兵为主力的宋军可在平原对抗北方游牧民族骑兵的目的。

中军大阵由三个方阵排列而成，是全阵的主力。每个方阵周长二十里（折合360步×20=7200步）。每五步为一"地分"，每"地分"用大车一乘，步兵二十二人防守，另有无地分兵（即机动的预备队）五千人居方阵中，每方阵共用步兵三万六千六百八十人。三个方阵共十一万零四十人，另外加望子（即观察兵、陈望哨兵）二百四十人，总共步兵十一万零二百八十人。

前阵与后阵（即前锋与殿后），各两列骑兵。前列骑兵六十二队，每队五十骑，共三千一百名骑兵。后列六十二队，每队三十名骑兵，共一千八百六十名骑兵。两列共四千九百六十名骑兵，另加探子（侦察）四十名骑兵，总共五千名骑兵。前后两车共一万名骑兵。

东西稍阵（即左、右翼），各两列。前列一百二十五队，每队五十名骑兵，共六千二百五十名骑兵；后列一百二十五队，每队三十名骑兵，共三千七百五十名骑兵。每阵共一万名骑兵，另有探子六百五十名骑兵，总共二万零六百五十名骑兵。

平戎万全阵，所用兵力共十四万零九百零三人（主力步兵十一万零二百八十人，前、后、左、右各阵骑兵三万零六百五十人），另外还有用作车营防御的大车一千四百四十乘。该阵中军大阵的正面宽约十七里（每个方阵正面与纵深各五里，方阵与方阵间隔一里）；前后两阵每队正面六十五步，正面共约一十一里零七十步（65步×62=4030步，折合11里70步）；左、右两阵，每队占地五十步，正面共约十七里一百三十步（50步×125＝6250步，折合17里130步）。

本朝八阵：北宋所谓的本朝八阵，系指方阵、圆阵、牝阵、牡阵、冲方阵、罘罝阵、车轮阵、雁形阵。

八阵所用的兵力和编队参照了李靖阵法。即每种阵均用马步军共一万四千人列成。其中，步军编为二百队，每队五十人，计一万人；马军八十队，每队五十人，计四千人。每种阵，都按唐代军队那样，区分为中军、左右虞侯、左

98

右和前后共七军。各阵阵中"每十人为列，皆面面相向，背背相承"。"一卒占地二步，一马纵广二步"。"本朝八阵"除圆阵（因与车轮阵同形异名）外，《武经总要》中均附有阵图。各阵图中兵队的名称，沿袭唐朝。图中的"驻队"，即北宋的"阵脚兵"（所谓阵脚兵，就是这些兵力是为了布阵的初期，占领足够地域，防止敌人冲阵，保护自己从容布阵的，而在布阵完成之后则是为了保持阵势的形状而存在，往往以弓弩手为主力构成，我们听评书或者看旧小说中，往往有弓箭手射住阵脚之说，就是为此）；图中的"战锋队""战队""跳荡""奇兵"，就是北宋的阵内战兵及无地分兵。图中的七军名称也是沿用了唐朝的军事语汇，比如，右虞侯、右军，即北宋的先锋、策先锋将；前军、后军，即北宋的左肋、右肋将；左虞侯、左军，即北宋的殿后、策殿后将。

北宋的本朝八阵名曰八阵，但因圆阵与车轮阵本是同阵异名，故实际仅有七种阵。综观这八阵阵名、七阵阵图和《武经总要》所做的说明可以看出，八阵的阵名，都与前代没有太大的区别，但在各种阵形的排列方法上，则与前代有本质不同。古八阵，都是军队主力排列方式的变化，而宋所谓的"本朝八阵"，除了圆阵与车轮阵以外主力总是列成对四周防御的方阵，只是以一少部兵力，在主力方阵的前后左右，作些象征性的变化，用以附会象征古意，这和古八阵是完全不同的。可以说本朝八阵是一种变了形的方阵。

前代八阵虽然也有防御队形，但主要的还是进攻队形，而宋的"本朝八阵"，从实质上看，全部变成了的四面防御队形。也就是说，各阵的主力仍然未脱离单纯防御的模式，与其前代军队的进攻精神无一继承。这种情形的出现，不能不说与北宋采取单纯防御的保守军事思想有关。

当然，这和当时所面对的威胁也有关，因为宋代与前代不同，缺乏骑兵，而又面临机动性强大的北方游牧民族骑士，所以两翼和侧后方向总是遭受威胁，方阵、圆阵等面向四面防御的阵形确实是防御骑兵迂回包抄，而古八阵以主力设置为雁形、锥形等阵形，是一种面向某一方向的进攻阵形，侧翼的防御大大减弱了。实际上，古八阵是一种组合的阵形，个个部分排列成古八阵，然后再组成一个更大的阵势。其中，还应有各种阵形之间的变化方法，不过今天已经都不可考，而这些东西才是我国古阵精髓之所在，

穷究于各阵形的排列方式与形状，只不过得其形，而不得其神，不过是我国古阵的皮毛而已。在缺乏足够骑兵的情况下，使用步兵排列的阵形向机动性极强的骑兵进攻仿佛并不可能，因为战况不利的时候，骑兵可以随时脱离战斗，或是迂回进攻侧后方向，所以说，采取方阵或者圆阵的阵形在野战中对骑兵进行防御还是合适的。

宋军中骑兵十分缺乏，只占全军总数的七分之一，骑兵中又往往有十之三四无马。最高曾达十之八九无马，如刘光世军五万二千人，仅有三千多战马，可见宋军缺马到何种地步。另外宋马体形较小，一般高约 1.36 米，按现在的标准也不算大马。韩世忠曾向高宗献马一匹，"高五尺一寸，云非人臣敢骑"，约合 1.58 米，而这已是宋朝罕见的大马了。为了对付游牧民族骑兵，宋代在阵形上下了很大的工夫，企图在野战中以步抗骑。两宋时期有两种阵形值得一提，那就是宋代的弩阵和叠阵。

弩阵是一种发扬蹶张弩（一种用脚蹬拉上弦的弩，威力要比用手上弦的臂张弩大）威力的阵形。分成三列，从后至前，第一排上弦，第二排上箭进弩，第三排瞄准射击。运用时，第三排射击后，则通过两列之间的空隙，回到第一排身后上弦，第二排进弩之后，进入瞄准射击状态，如此循环反复，获得持续的较密集的远程打击能力。

叠阵是宋代四川吴氏兄弟创立，见于《宋史》，也是分为三列，刀枪持长兵者居前，弓在后，最后为神臂弩或者为踏蹬弩。这是接近实战要求的，作战时，全军跪坐，当敌接近至 100 步时，令一神臂弓手起立射之（这是为了测距），若可入敌阵，则神臂弓手俱发；敌接近至 70 步时，令一平射弓手起立射之，若可入敌阵，则平射弓手俱发。当敌至拒马，则枪兵与之肉搏。如此，使用远程打击武器层层拦截防御，削弱敌骑兵迅速反应的能力，使野战中以步抗骑成为可能。

### （四）　明朝的阵法

宋朝灭亡之后，中原历经了百余年的异族统治，直至红巾军大起义及朱元璋的出现，才发生了根本性的变化。提起明王朝，就不得不提及徐达，提及其出色的谋略与阵法，这是个用兵不亚于孙吴的名将。当时天下割据，势力大的人绝非凤毛麟角，徐达硬是靠着严明的军纪、有效的战阵将他们一一击败，一统中原。也正是因为徐达，明朝的大军才彻底击退了蒙古铁骑，由于小说中将徐达所用的阵描述得太玄妙，以至于后人普遍认为徐达可有可无。事实上，徐达可能是自岳飞以后、戚继光之前唯一有能力有效地使用战阵的人。他与岳飞唯一不同的是，他的兵力比岳飞要雄厚得多（明军最强时达到过一百多万，虽然不一定都归他管），兵源也要好　　（虽以南人为主，但后期北方兵也不少），还有不少的骑兵（剽悍程度不亚于蒙古骑兵）和火枪兵。所以他比岳飞的难度、压力要小一些，但组织能力要比岳飞强。也不拘泥于局部得失，大局观要比岳飞要强，由于他的阵形更类似于扩大化了的古代的玄襄阵，以单一兵种为一个集群，然后一个集群一个集群地对敌军实施打击，因而可以强有力地打击敌人直致对方崩溃逃跑为止。当然这时明军的个人战斗力也是中国历史上的步兵中最强的，如果没有这个条件，即使孙武在世也是难以办到的。

　　关于明军的阵形。到了明代中后期，由于火器的大量使用，使得冷兵器时代较为密集的队形容易造成较大的伤亡。而东南沿海地带，平原较少，山地较多，大型阵势也难以得到展开。倭寇中有不少属于流浪武士，单兵作战能力强，使用武士刀等兵器，尤其善于"跳战"之法，采用较为松散的阵形，明军在遇到凶悍的倭寇时，往往陷于被动。所以戚继光发展了一种小集中、大分散的鸳鸯阵，由大阵变小阵，由密集变为疏散，这是对阵形的一种创新。戚继光鸳鸯阵大致以 12 人为最基本的战斗单位，这一阵形，最前为两个牌手，分别是长牌手、藤牌手（其中一个为队长），然后是跟着狼筅手两名、再次是四个长枪手，最后是两个短兵手。作战时以藤牌防护远程射击兵器（这时候牌手面向敌人，其余人排成纵队躲在牌手后面），以狼筅为进攻主力，以长枪取人性命，短兵是防止敌人进身，或在长兵疲惫时进攻。鸳鸯阵在抗倭战斗中得到了成功的运用，取得了巨大的胜利。鸳鸯阵是最基本的阵形，还有许多变化。比如成两伍纵队的鸳鸯阵，这是基本阵；由鸳鸯阵变化的两仪阵（两伍分开）；

101

大三才阵横队，就是把两伍并列的队形变成横队，队长持牌居中，左右各一狼铣，狼铣左右为两长枪拥一牌（实际上这还有其他伍交错排列），短兵在后，这是为了在比较宽的横路上战斗运用的；小三才阵横队，"狼铣居中，左右各一长枪，长枪左右短兵和牌，一伍平列"，这是在窄路上采用的阵形；一头两翼一尾阵，把参战部队分成四部分，最前者为头，是正兵，为主要的进攻部队；两翼为奇兵，保护头的侧后方向，在适当时机进攻敌人的侧翼；尾是策应部队（相当于预备队），随时准备增援任意方向。

### （五）清朝太平军的阵法

清代军阵：在清代军阵中值得一提就是太平军的各种阵法。

1. 牵线阵：这是一种行军的战斗队形，类似于现代的行军纵队。行军时，必下令作牵线阵行走，每两司马执旗一面，后随二十五人；一百人则张卒长旗一面；五百人则张旅帅旗一面；二千五百人则张师帅旗一面；一万二千五百人则张军帅旗一面。一军接着一军前进。宽路则分双行，狭路则单行，鱼贯以进。在行军中，一旦发生遭遇战，首尾盘曲钩连，顷刻聚集，结成圆阵。如果战事不利，统将敲锣为信号退却，仍守牵线阵战斗队形，这时按照路宽，分为十行二十行都可以，但不得斜奔旁走，亦必鱼贯而退，牵线阵急趋，敌人往往追赶不上，即使追上了，见队伍不乱，也不敢穷追。

2. 螃蟹阵：这是一种三队平行配置的战斗队形，中间一队人数少，两翼的人数多，形似螃蟹，所以叫做螃蟹阵。这种阵法，极为灵活，还可根据敌情进行多种变化。如敌仅分左右两队，就以阵的中队分益左右翼，也成两队。如敌前后各一队，就合左右翼的前锋为一队，以左右翼后半与中间一队合而平列，以为前队接应。如敌左一队兵多，则变偏左阵。右一队兵多，则变偏右阵。如敌出四五队，也分为四五队次第迎击。其大螃蟹包小螃蟹阵尤为著名，其法或先以小阵与敌交战，后出大阵包围，或诈败诱追，伏兵四起，将敌包围。螃蟹阵变化虽然复杂，但损左益右，移后置前，运用之妙，在于统将根据敌情，临时指挥。其进退开合的疾徐，只须几个大旗手娴习，全军望大旗朝向哪里就向

102

中国古代军事

哪里奔赴。所以一军用了几个大旗手，便可以指挥万众，略无参差，提纲挈领，深得以简驭繁的妙用。螃蟹阵（一作蟹螯阵），又称为荷包阵，也称为莲花抄尾阵。

3. 百鸟阵：这是一种使用疑兵的阵法。特别适合平川旷野与敌作战，以二十五人为一小队，把部队分为一百几十队，好似天空散布繁星那样，使敌人惊疑不知人数多少，每队人数都相同，又不知应先攻何处，彷徨不进，因此被打败。

4. 伏地阵：又名卧虎阵，每遇敌人来追时，退却到水穷山阻的地方，由统将发令，忽地一面大旗仆倒，千旗齐仆倒，瞬息万人都贴伏在地上，寂不闻声，积蓄士气。敌军追到，看不见一个太平军，正在诧异徘徊、疑神疑鬼的时候，太平军一声号令，忽地一面大旗扬起，千旗齐起，万人风涌潮奔，呼声雷吼，转面急趋，向敌猛扑。太平军曾在长沙、南昌、武昌等地屡用这一个阵法大败清军。这一战阵也特别适合冷热兵器交杂的时代进行正面作战，因为伏地可以减少正面投影，减少敌人远程火器的杀伤。

古代军阵的指挥大都由金鼓、旗帜、号炮、号角、传令兵构成。古代军旗分为：大旆、号旗、将领之认军旗、供辨识的旗帜以及其他。

大旆，又叫旌旆。旌指用牦牛尾巴做装饰的旗子，也可以泛称用动物皮毛、羽毛装饰的贵重旗帜。旆指尾端有尖角的旗帜，以燕尾状居多。这种旗帜往往由作战一方的身份高贵的全军统帅拥有。统帅作战时，往往建大旆于身旁。所以，有的时候，我们在评书或旧小说里，往往会发现有不少根据有没有建大旆而判断其主帅是否在阵中。而这个大旆，也往往是敌军集中进攻的目标，全军将士总是关注与大旆在哪里。大旆是否存在，甚至会影响战斗的胜负。

将领认军旗：士兵大都作为将领的附属而存在，部队大都没有军团旗，但是有绣有将领姓的旗帜来作为部队辨识。如果主将的身份不够显贵，也可以用帅旗或者认军旗代替大旆。

号旗，就是信号旗，是用来指示传递命令的。

辨识军旗，是用来辨识敌我双方的。这种旗帜往往出现得最多。

古代阵法

103

除了旗帜，在作战中往往以金鼓、号炮、号角等可以发出巨大声响的器物指挥三军。"闻鼓而进，鸣金而退"，就是说击鼓是进攻的信号，敲锣是退兵的信号等等。

# 五、古代历史传记以及传说中的阵法

## （一）十大阵法

十大阵法是中国古代小说家戏化演绎的中国古代进攻防守的排兵布阵法。在唐代有关薛仁贵的演义中可见有记载，详细为：一字长蛇阵，二龙出水阵，天地三才阵，四门兜底阵，五虎群羊阵，六丁六甲阵，七星北斗阵，八门金锁阵，九字连环阵，十面埋伏阵。

## （二）八阵图

《孙膑兵法》中将阵完整系统地分为十种阵形，即："方、圆、锥行、雁行、钩行、玄襄、疏阵、数阵及火阵、水阵。"后两种是特殊战法情况下才使用，一般以方、圆、锥为主。锥行阵主攻，将最精锐的车兵放置前沿作冲击用。圆阵主守，车兵置于阵中央。方阵攻守兼备，车兵置于后，保证阵形有足够的厚度和反冲击的力度。疏阵、数阵是以步兵打车兵的战法，类似于以后的散兵阵，以小股混合步兵依什伍行列独自作战，尤以吴、楚用得多（战车少，倒不是装备不起，是用处不大，水网密集，不适合车兵驰骋）。雁行阵是弩兵的特殊战术，长处在于加大弩兵的正面远程火力密度，玄襄、钩行则较复杂，除非训练有素，才能运用自如，威力也大，相当于大兵团的兵种配合。以玄襄为例，弩兵在前阵，射完后后撤，车兵在两侧，长戟在中阵，长矛在后阵，讲究的是一浪接一浪的攻击，当时的中原可能只有魏、秦两国能列此阵迎敌。钩行阵则是标准的车兵终极阵法，预先将车兵排在钩的两头，中间放置弩、戟、矛诸兵种，由中间先出动攻击，两侧纵列的车兵出击，戟兵等集群兵种再跟上。

三国时期诸葛亮入蜀主政平定南蛮之后，蜀军的主要作战对象是曹魏的步骑兵联合部队，作战地域绝大多

数为山地，而蜀国缺乏马匹，于是诸葛亮排练"八阵图"。八阵实际上是三国时代以前早已存在的阵法。孙子有八阵，孙膑在《孙膑兵法》中也有《八阵》篇，到了东汉作战训练中普遍使用八阵。诸葛亮从蜀国步兵为主力等实际出发，在原有的古八阵基础上创新阵法，绘制阵图，最终形成"八阵图"，用以训练蜀军。所谓阵图，就是将阵法绘制成图形，画在锦上、纸上、地上或者用沙石堆砌，形成直观的实物，这就是阵图。诸葛亮纪录阵法的文字没有流传下来，八阵图在唐代就已经失传。但是据说诸葛亮曾经垒石作八阵图，鱼腹江边的八八六十四堆垒石遗迹，就是诸葛亮所遗留的八阵图。结合有关诸葛亮八阵图的只言片语，进行合理模拟。现代兵家认为八阵是一种集团方阵，每个八阵都具有八个小阵分布在中央的中阵四周的八个方向上，八阵的中央是大将，金鼓旗帜，以及直属的兵马，这就是中阵。每个小阵都有天、地、风、云、龙、虎、鸟、蛇等代号。这就是《李唐问对》中的"阵数有九"的说法，所以宋代还将八阵叫做九军阵。而每个方向的阵编组为六小阵，中阵编组为十六小阵，整个大方阵共有六十四小阵，正好符合鱼腹江垒石遗迹的八八六十四堆垒石的数量。大方阵之后可能还有游骑构成的二十四小阵，一共是八十八小阵。这些小方阵可以是骑兵、步兵、车队，由几十到几百不等组成，前排为弓弩手、中间为长兵器手、后排为短兵器手（有时排列顺序也不同）。八车为了迟滞敌人进攻，发挥蜀军弩兵的威力，在防御时还设置冲车、鹿角、铁蒺藜等障碍。

诸葛八阵属于防御性阵形，好处是没有部署上的弱点，任何方向遭受攻击，整体大阵不需要做出根本性的改变，一处遭到攻击，两翼相邻的阵可以自动变为两翼，保护支援遭受攻击之阵。但是缺点也是很明显的，这样复杂的诸葛八阵需要大量时间进行训练，而且机动性较差，为了保持阵形的完整，前进时不允许奔跑，后退时不能猛跑。这就是《李唐问对》中的"以前为后，以后为前，前无速度，退无遽走"。所以说八阵是一种具有防御性质的十分保守阵形。无大败，取得大胜同样也很困难。诸葛亮六出祁山，姜维同样多次攻打魏国，无大败也无大胜，不能说与蜀军采用八阵进行作战毫无关系。

 中国古代军事 

## （三）　撒星阵

撒星阵是南宋名将岳飞破金兵"拐子马"的阵法。撒星阵的队形布列如星，连成一排的"拐子马"冲来时士兵散而不聚，使敌人扑空。等敌人后撤时散开的士兵再聚拢过来，猛力扑击敌人，并用刀专砍马腿，以破"拐子马"。

## （四）　鸳鸯阵

鸳鸯阵是明代将领戚继光为抗击倭寇而创设的一种阵法。他把士兵分为三队，当敌人进到百步时第一队士兵发射火器；敌人进到六十步时第二队士兵发射弩箭；敌人进到十步时第三队士兵用刀矛向敌人冲杀。这些变化反映了中国作战阵法从传统的方阵向多兵种的集团阵法演变的过程。

鸳鸯阵阵形以 11 人为一队，最前为队长，次二人一执长牌、一执藤牌，长牌手执长盾牌遮挡倭寇的重箭、长枪，藤牌手执轻便的藤盾并带有标枪、腰刀，长牌手和藤牌手主要掩护后队前进，藤牌手除了掩护还可与敌近战。再二人为狼筅手，执狼筅。狼筅是利用南方生长的毛竹，选其老而坚实者，将竹端斜削成尖状，又留四周尖锐的枝丫，每支狼筅长三米左右，狼筅手利用狼筅前端的利刃刺杀敌人以掩护盾牌手的推进和后面长枪手的进击。接着是四名手执长枪的长枪手，左右各二人，分别照应前面左右两边的盾牌手和狼筅手。再跟进的是使用短刀的短兵手，如敌人迂回攻击，短兵手即持短刀冲上前去劈杀敌人。"鸳鸯阵"不但使矛与盾、长与短紧密结合，充分发挥了各种兵器的效能，而且阵形变化灵活。可以根据情况和作战需要变纵队为横队，变一阵为左右两小阵或左中右三小阵。当变成两小阵时称"两才阵"，左右盾牌手分别随左右狼筅手、长枪手和短兵手，护卫其进攻；当变成三小阵时称"三才阵"，此时，狼筅手、长枪手和短兵手居中，盾牌手在左右两侧护卫。这种变化了的阵法又称"变鸳鸯阵"。此阵运用灵活机动，正好抑制住了

古代阵法

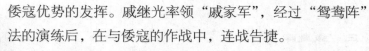

倭寇优势的发挥。戚继光率领"戚家军"，经过"鸳鸯阵"法的演练后，在与倭寇的作战中，连战告捷。

鸳鸯阵主要是为了对付倭寇而设置，行动方便。此阵长短兼具，攻守兼备。在抵御不明深浅的外敌时非常好用。但毕竟比较全面的阵法的问题就在于它太全面，反而什么都不够优秀。

此阵通过变阵可达到"正"对"奇"的功效，对于戚继光死后便发生的七年战争（壬生之战）的后期作战有很大的贡献。

但十分可惜的是，这七年的援朝战争，却使大明走入了一个误区。丰臣秀吉手下渡海而来的兵团几乎没什么机动兵力，大明为了对付他们选择了偏重重装炮火和重装兵种。这是因为轻骑最初突进首尔时遭到当地气候等原因，马蹄烂掉，造成最初的战事不利。其后，火器犀利的丰臣秀吉，更是倚仗其火枪的优势和身为侵略者的优势（就地抢夺兵粮），利用城战将大明拖入持久战的泥沼。大明的火器同样精良，虽然火枪不行，但有可射两百步的弗朗基大炮，战争虽然胜利了，但也渐渐地轻视轻装机动兵种，造成之后原本被朝鲜欺负了进两百年不得喘息的建州女真异军突起，最终成就满清王朝。

当然，这里也有很多的政治因素，但以军事的角度，却不得不说明，朝两国完全是被倭寇所累，最后被女真钻了空子。不然想要凭借一十三副盔甲成就霸业根本就是痴人说梦。

总之，鸳鸯阵的目的就是将登陆的倭寇赶下海。

# 六、古代阵法在古代军事史中的重要地位及影响

## （一）古代阵法在古代军事史中的重要地位

前代八阵虽然也有防御队形，但主要的还是进攻队形，而宋的"本朝八阵"，从实质上看，完全变成了四面防御队形。也就是说，各阵的主力仍然未脱离单纯防御的模式，但其前代军队的进攻精神无一继承。这种情形的出现，不能不说是与北宋采取单纯防御的保守军事思想有关。

## （二）古代阵法在古代军事史中的重要影响

阵对于中国战争的影响，要分三大阶段，即大量骑兵投入实战以前为一段，骑兵对步兵为一段，步骑混合为一段。

骑兵大量出现以前，也就是秦汉之前，从有记载的周到秦灭六国的这一段历史。这一时期骑兵虽然已用于侦察、传递消息，但是还没有投入实战，中原各国的主战兵力依然是车兵和步兵。而当时衡量一个国家军事实力时常用"千乘之国""万乘之国"作为标准，如此庞大而昂贵的战车部队自然要步兵的掩护（单纯的战车在弩兵、长戈、长戟兵面前很容易被消灭，原因就在于战车的冲击力有限），于是便出现了步车阵。

真正的阵，或者说春秋至秦的阵，并不像影视剧中表现的那么复杂，而是很简单的，大致分进攻和防守两种：《孙膑兵法》中将阵完整系统地分为十种阵形，即："方、圆、锥行、雁行、钩行、玄襄、疏阵、数阵、火阵、水阵。"

此外，还有林林总总的"阵"。比如射击时用"云阵"，包围敌军要用"赢渭"阵，奇袭用"阖燧"阵，总的加起来不会少于20种阵。

说到列阵，首先要治兵。要使士兵有闻鼓出击、闻金退兵的概念。具体到列阵时的排列，直击还是迂回，由伍长之类的下级军官看中军旗决

古代阵法

定。一伍的成员本身就是一个小的战斗集体，大致分（按步兵计）殳、戈、戟、矛、弩五兵，以长兵器和远射兵器为主（短兵缺乏也与当时的青铜器铸造工艺不精,难以造出适合短兵相接的长剑有关），后又去殳加入大盾。这其中弩兵站第一排　（近战时撤至最后），持盾兵站第二排（两军对射时到第一排），其下是戈、戟、矛三件长兵器。戈在最前，以横扫为主，主要对付对方的战车和战马；戟可扫可刺，属于多功能兵种；矛以刺为主，主要作战对象是对方的作战人员，各伍之间成纵列向前推进（伍为阵形之中最小的作战单位，四伍为一两，五两为一旅，五旅为一师，五师为一军，皆为春秋以前兵制）。阵中严格禁止有个人英雄主义的出现（再直接一点就是说，不允许逞匹夫之勇），这大概也是秦以前单骑突阵的情况不多的原因（单独一辆战车，突击训练有素，配合精熟，基本以长戟、长矛为主要兵器的重阵，跟送死没什么区别）。秦以前由于长期处于战争之中，各国的常备军数量庞大且有效（即便是临时征召的士兵也有很高的战斗技能和很强的纪律意识，因为他们时常要被征召），也从客观上保证了阵对他们能进行有效的约束，也保证了将领们能有效地排出最适合战场形势和双方兵力对比的阵势，这一点很重要，乜是这时的军队和以后的中国战争时大量的乌合之众的区别。秦灭六国，天下一统，秦二世时，陈胜吴广起义，天下重又大乱，涌现出两股有影响力的义军。一是西楚霸王项羽（名籍），二是汉王刘邦（字季）。应该说这时的步兵阵在中国几乎已发展到一个高潮，随着三十几万秦军主力被项羽在巨鹿击败，早期的楚汉争霸几乎再也没有出现过大兵团，有组织地将阵用于战争。这样比刘邦更强悍的项羽占尽了优势，一度将刘邦打得狼奔豕突，溃不成军。只是在韩信出现之后，汉军才凭借其出色的用兵、有效的战阵终于击败不可一世、只凭勇力的西楚霸王。

　　楚汉争霸从总体来说，只是乌合之众的较量，有效使用阵的情况很少。汉帝国建立后，随着北方匈奴的屡屡入侵，汉军的步兵又几乎没有用处（战不能胜，胜不能追，败不能逃），只好凭借强大的国力组建庞大的骑兵集群，而骑兵又不大可能像步兵一样进退有序地列阵，同时也将步兵的阵近乎完全放弃，只有弩兵的战术——雁行阵还保留着。

骑兵的战术大部分时间里就是正面突击、长途奔袭、战略合围、断敌后路等等，即使是擅长骑兵战术的匈奴人也只有这些。但这时的汉骠骑大将军霍去病琢磨出了一种新战术——车悬，也就是突击战术的加强版，不像突击那样一窝蜂似的蜂拥而上，更注重各骑之间的间隔，因为车悬阵从严格意义上来说并不能算是阵，所以后世兵家大都不认为有此阵，如《曹操兵法》《将苑》（诸葛亮）《百战奇略》（作者不详，成书于宋代）都对此阵拖不置可否的态度，可能此阵还是真实存在过的，只是随着中国骑兵的衰弱，后人无法亲身感受其威力罢了。

中华五千年灿烂文化，给后人们留下了巨大的精神财富和物质财富。也对东亚文化圈乃至整个世界产生了深远的影响。

# 古代战役

纵观中国古代战役，其性质有多种类型，有割据争霸的，有争取国家统一的，有平定叛乱的，有反抗外国侵略的，有统治集团内部斗争的，也有农民起义的，等等。在大大小小的战役中，或苦战获胜，或妙用兵法，常常闪烁着古代指挥者的智慧火花，为后世用兵者积累了宝贵的经验。中国古代著名的战役有很多，例如：围魏救赵、长平之战、赤壁之战、淝水之战、高平之战、萨尔浒之战、郑成功收复台湾。

# 一、先秦时期的战役

清道光二十年（1840年），随着鸦片战争的爆发，中国近代史开始了。

鸦片战争以前的中国历史，称为中国古代史。在这五千多年漫长的古代历史长河中，经历了原始社会、奴隶社会和封建社会。在哪个社会形态中，都发生过战争。

纵观我国古代战役，其性质有多种类型。有割据争霸的，有争取国家统一的，有抵御少数民族的，有平定叛乱的，有反抗外国侵略的，有统治集团内部争斗的，有农民起义的。

在大大小小的战役中，或苦战获胜，或妙用兵法，常常闪烁着古代指挥员的智慧火花，为后世用兵者积累了宝贵的经验。

## （一）屈瑕诱敌

周桓王二十年（前700年），楚国发兵北上，攻打绞国。楚军行动迅速，不久便兵临城下，把绞国都城围得水泄不通。绞国见楚军强大，自知出城迎战凶多吉少，决定坚守城池，令楚军日久厌战，兵疲自退。绞城地势险要，易守难攻，楚军多次进攻都被击退了。

两军相持一个多月，楚国大夫屈瑕对楚王说："微臣仔细分析了敌我双方的情况，觉得绞城只可智取，不可强攻。我军应以利诱敌，用鱼饵钓大鱼。"楚王问道："爱卿有何诱敌之策？"屈瑕说："可趁绞城被围月余，城中缺柴之时，派些士兵扮成樵夫上山打柴。"楚王不解地问："打柴有什么用呢？"屈瑕回答说："绞军见了，一定会出城夺柴的。头几天，可让他们先得一些小利。等他们麻痹大意，大批士兵出城夺柴时，可先设伏兵断其归路，然后聚而歼之，乘势夺城。"楚王担心地说："只怕绞军不会轻易上当。"屈瑕说："大王放心，绞军比较浮躁，浮躁则少谋略。有这样的钓饵，不愁绞军不上钩。"楚王听了这

中国古代军事

话，决定依计而行，立即命令一些士兵扮成樵夫，天天上山打柴。

过了几天，绞侯听探子报告说："楚军天天派人进山打柴。"绞侯忙问道："这些樵夫有无楚军保护？"探子说："他们成群结队上山，并无士兵跟随。"绞侯一听，马上布置人马埋伏好，待楚军樵夫背柴出山之机，突然袭击，抓走了三十多个樵夫，还夺得不少烧柴。一连几天，绞军都有收获。绞军见有利可图，出城劫夺柴草的人越来越多了。

楚王见绞人上钩，便对将军说："可以动手了！"这天，绞军蜂拥而出，樵夫们见了，拼命奔逃。绞军紧紧追赶，不知不觉跑进了楚军的埋伏圈。楚军伏兵四起，杀声震天，绞军哪里抵挡得住，大败而归。楚军穷追不舍，趁机攻进绞城。绞侯无力抵抗，只得和楚王签订了"城下之盟"。楚王用屈瑕之计，轻取绞城，全胜而归。

### （二）围魏救赵，减灶救韩

周显王十五年（前354年），魏国进攻赵国，包围了赵国都城邯郸。第二年，齐威王任命田忌为大将，孙膑为军师，领兵援救赵国。

起初，孙膑曾和庞涓一同学习兵法。后来，庞涓到魏国做官，当了将军。他觉得自己不如孙膑，出于嫉妒庞涓将孙膑召到魏国，设计陷害他，砍下了他的双脚，还在他脸上刺了字，想让他终身残废，没有出头之日。

有一天，齐国使者到了魏国，孙膑偷偷地去见使者，说服使者用车将他载回齐国。田忌见了孙膑，发现他有过人之智，十分善待他，还把他推荐给齐威王。齐威王向孙膑请教兵法，拜他为师。这次，齐威王决定援救赵国，想拜孙膑为大将。孙膑说："我是受过刑的残疾人，怎能做大将呢？"他说什么也不肯答应。于是，齐威王任命田忌为大将，让孙膑做军师，坐在车里出谋划策。

齐军出发后，田忌想直奔赵国，解邯郸之围。孙膑说："援救正在交战中的一方时，不能从正面插手，要避实击虚。现在，赵、魏两军正在激战，魏军的精锐部队都上了前线，其后方必然空虚。我们应该率领大军直捣魏国都城大梁，占据要路，避实击虚。这样，魏军一定回救，邯郸自然解

8
古代战役

115

围了。"田忌一听，连声叫好，立即采用了他的妙计。

魏军闻讯，果然慌忙退兵，回救大梁，在半路被齐军打得大败而逃。

齐军全胜而归，邯郸之围也解了。

从此，孙膑名声大震，人们都称他这次用兵的妙计为"围魏救赵"之计。

周显王二十八年（前341年），魏惠王派庞涓率军攻打韩国。韩国兵力不支，急忙向齐国求救。齐威王召集大臣，问道："韩国派使者前来求救，你们看早出兵好，还是晚出兵好？"成侯回答说："依臣之见，还是不救为好。"田忌说："如果我们不救，韩国必败。那么，韩国就投向魏国了。我看，不如早些发兵去救援。"孙膑说："韩、魏两国刚开战，双方都还没有疲惫。如果我们现在就出兵救韩，岂不是听命于韩国，替它去挨打吗？因此，我们可以答应韩国，但要晚些出兵。这样，我们既可以获得重利，又可以得到美名。"齐威王听了，连声叫好。于是，他答应了韩国使者，然后打发他回国了。

韩王见齐国答应救援，有了靠山，便坚持苦战，但打了五仗都失败了。这时，齐国出兵了。齐威王仍然让田忌担任大将，孙膑担任军师。田忌按照孙膑的计谋，不去韩国，而是直捣魏都。

庞涓闻讯，只得回军。魏惠王让太子申担任大将，和庞涓一起抵抗齐军。

孙膑对田忌说："魏军一向轻视齐军，我们可以诱其中计。"于是，孙膑让大军进入魏境后，第一天宿营做饭时，挖了十万个灶坑；第二天宿营做饭时，挖了五万个灶坑；第三天宿营做饭时，挖了两万个灶坑。庞涓见齐军灶坑逐日减少，不由得大喜道："我早就听说齐军胆小，今日才知果然如此。齐军进入我国境内才三日，就逃走一大半了。"于是他抛下步兵，只率领骑兵日夜兼程追赶齐军。

孙膑估计庞涓夜里会赶到马陵道，又见马陵道十分狭窄，两边地势凶险，适于设伏，便将马陵道上一棵大树的树皮砍掉，在树上写道："庞涓死于此树下。"然后让一万名齐兵手持弩弓，埋伏在马陵道两旁，叮嘱他们说："夜里看见树下火起，就向马陵道上射箭。"夜里，庞涓追到树下。在月光里，见白白的树干上仿佛有字迹，便命令士兵点上火把照着，看树上写的是什么字。他还没有读完树上的字，马陵道两边突然万箭齐发，魏军顿时大乱。庞涓发现自己中计，已经没有活路，便拔剑自刎了。

齐军大败魏军，魏太子申也被俘了。

### （三）长平之战

周赧王五十三年（前262年），秦国攻打赵国，在长平受阻。

长平守将是赵国名将廉颇，他见秦军兵势强大，不能硬拼，便命令部队深沟高垒，固守不战，长达三年之久。

秦军拿不下长平，秦王焦头烂额，最后采纳范雎的建议，派人使用反间计，对赵王说："秦人最怕马服君赵奢的儿子赵括担任赵军统帅。"

赵王中计，调回廉颇，派赵括到长平指挥大军与秦军作战。

这时，相国蔺相如对赵王说："大王千万不可让赵括担任统帅！赵括只会读他父亲的兵书，却不会用啊！"赵王固执己见，不听蔺相如的劝告。

赵括到长平后，完全改变了廉颇坚守不战的策略，要与秦军决战。秦将白起故意让赵括打了几次小胜仗，赵括竟得意忘形，派人到秦营下战书。白起见赵括中计，立即兵分几路，对赵括大军形成一个包围圈。

第二天，赵括亲率四十万大军与秦军决战。秦军与赵军几次交战，用的都是诱敌之计。赵括得意忘形，率领大军追赶秦军，一直追到秦军大营。

秦军坚守不出，赵括连攻数日，不能攻克，只得退兵。

这时，探子慌慌张张跑来报告说："启禀元帅，我们的后营已被秦军攻占，粮道也被秦军截断了。"

秦军把赵军全部包围了。赵军一连四十六天断炊绝粮，早已自相残杀，争食人肉了。赵括为了逃生，拼命突围，都被秦军击溃了。最后一次突围时，秦军万箭齐发，赵括中箭身亡。赵军见主帅身亡，顿时大乱，都做了俘虏。

白起一是为了消灭赵国的有生力量，二是怕降军暴乱，竟暗暗下令在深夜将四十万赵军降兵全部活埋。

古代战役

117

# 二、秦汉时期的战役

## （一）灭秦之战

秦始皇死后，其子胡亥即位，史称秦二世。

秦二世荒淫暴虐，赋税徭役过重，百姓不堪其苦，求生不能，欲死不得，只得纷纷造反了。

秦二世元年（前 209 年），陈胜、吴广起兵反秦。

同年，刘邦、项梁、项羽、田儋分别在沛县、吴郡和狄城起兵反秦。

陈胜死后，各路义军召开大会，立楚怀王的孙子芈心为王，仍称楚怀王。

不久，项梁在东阿大败秦将章邯，在定陶再次打败秦军。接着，项羽和刘邦又在雍丘大破秦军，杀了秦相李斯的儿子——大将李由。

项梁见义军节节胜利，竟开始骄傲了。秦二世又派出大批军队增援章邯，章邯大破楚军，杀了项梁。章邯杀了项梁之后，以为楚军不足虑，便北击赵国去了。

楚怀王对诸将说："谁能先攻进关中，灭了秦国，就封谁为秦王。"

当时，秦兵尚强，诸将都认为进攻关中是件危险的事。只有项羽为了给叔叔项梁报仇，奋勇向前，要和刘邦联合进关。这时，楚怀王的老将对楚怀王说："项羽为人，极其残忍，经常屠城。况且楚人陈胜、项梁都战败了，现在应该派出一名长者率军入秦，不欺凌百姓，关中才能平定。刘邦为人宽厚，可派他进攻关中，不能派项羽去。"于是，楚怀王派刘邦西进，而派项羽北上救赵。

刘邦西进途中，路过高阳时，高阳儒者郦食其献计道："将军手下都是乌合之众，散乱之兵，尚且不满万人。如果这样进攻秦国，岂不等于以卵击石、羊入虎口吗？前面的陈留县，是天下要冲，四通八达。陈留县令是我的朋友，我可以前去劝降。如果他不听，我可以做内应，帮助将军打下陈留县。"刘邦依计而行，不费一兵一卒便进了陈留县。刘邦引兵继续西进，路过宛城后，谋士张良献计说："沛公不要急着进攻关中，应先打下宛城。否则，强秦在前，宛城在后，前后夹击，我军必危。"于是，刘邦又从另一条路绕回，偃旗息鼓，等到天亮时，已将宛城围了三层。秦国郡守闻讯，想要自尽，门人陈恢劝道："大人，还不到死的时候。"于是，陈恢出城见刘邦说："听说将军先入关便可称王。宛郡连城数十，如果投降必死，他们一定誓死守城。到那时，将军如何抢先入关啊？为将军着想，莫如将降者封官，令其守城，而带他的兵马西进。这样，秦国郡守必然望风而降，将军便可长驱直入了。"刘邦听了，连声叫好，依计而行。果然，前面守城的郡守听说投降可以不死，还能继续留任，没有一人不投降的。一路上，刘邦大军秋毫无犯，秦民大喜。

汉高祖元年（前206年）冬，刘邦率大军到了灞上，逼近咸阳了。

秦王子婴闻讯，素车白马出迎，献出皇帝玉玺，投降刘邦，秦朝灭亡。

## （二）井陉之战

秦朝灭亡后，各路诸侯逐鹿中原，征战不已。

后来，只有项羽和刘邦的势力最为强大。其他诸侯有的被消灭，有的急忙寻找靠山。赵王歇认为项羽是个了不起的英雄，心中十分佩服，便投靠了项羽。

刘邦为了削弱项羽的力量，命令韩信、张耳率两万精兵攻打赵王歇。赵王歇听到消息之后，笑道："我有项羽作靠山，又控制二十万人马，何惧韩信、张耳啊！"

赵王歇亲自率领二十万大军驻守井陉，准备迎战。韩信、张耳的部队也向井陉进发，在离井陉三十里外安营扎寨。两军对峙，虎视眈眈，一场大战即将开始。

韩信见敌军人数众多，如果硬拼，恐怕不是敌军的对手；如果久拖不战，军队又经不起消耗。经过反复思考，他定下了一条妙计。

韩信召集众将到营中听令，众将立即前来。韩信命令一员战将率领两千精兵到山谷树林埋伏起来，对他说："我军与赵军开战后，我军要佯败而逃。等赵军倾

古代战役

119

巢出动追击我军时，你们迅速杀入敌营，插上我军的军旗。"他又命令张耳率军一万，在河东岸摆下背水一战的阵式，而他自己则亲率八千人马正面佯攻。

第二天天刚亮，韩信营中擂起战鼓，韩信亲率大军向井陉杀来。赵军主帅陈余得报，立即下令出击。顿时，两军杀得昏天黑地。韩信见时机已到，一声令下，部队立即佯败后退，并且故意扔下大量的武器和军用物资。陈余见韩信败退，大笑道："区区韩信，怎是我的对手！"他命令赵军追击，一定要全歼汉军。

韩信带着的汉军撤到河边，与张耳的部队合为一股。韩信动员士兵说："前有大河，后有追兵，我们已经没有退路了。要想活命，只能背水一战。"士兵见已无退路，只有拼了，也许还有活路。于是人人奋勇，个个争先，要与赵军拼个你死我活。

韩信、张耳突然率部杀了回来，这是陈余完全没有料到的。赵军原以为以众敌寡，胜利在握，斗志并不旺盛。韩信故意在路上扔了大量军用物资，赵军你争我夺，一片混乱，已丧失了斗志。

锐不可当的汉军冲进敌阵，无不以一当十，杀得赵军丢盔弃甲，落荒而逃。

陈余同溃兵回营，准备休整之后，再与汉军作战。当他们退到自己大营前面时，突然从大营那边飞过无数支箭来，陈余这时才注意到自己营中已插遍汉军旗帜。

赵军惊魂未定，营中汉军猛地冲杀出来，与韩信、张耳的部队从两边夹击赵军。张耳一刀将陈余斩于马下，赵王歇被汉军生擒，赵国全军覆没。此战是古代以少胜多的著名战例，韩信从此名震天下，"背水一战"也成了尽人皆知的成语。

## （三）亚夫平叛

汉高祖刘邦做皇帝后，大封刘姓子弟为王。他认为同姓亲人靠得住，会保刘家的天下。

同姓王当初只有九个，后来逐渐增加。到汉文帝刘恒在位时，已经增加到二十多个了。其中领地最大的有齐、楚、吴、荆、燕、淮南等国。这些王国所领有的土地合起来占西汉国土的大半。皇帝直接管辖的地区只有十五个郡，而这十五个郡当中往往还有列侯和公主的领地，因此真正属于皇帝管辖的土地就只有十个郡左右了。

刘邦认为同姓王都是他的兄弟子侄，是靠得住的。但事实上，同姓王势力大了也会造反夺取帝位的。

刘濞是汉高祖刘邦的侄子，20 岁时被封为吴王。汉景帝前元三年（前 154 年），刘濞串通齐、楚等七个诸侯国发动叛乱，首先攻打忠于皇帝的梁国。梁国派人向朝廷求援，对汉景帝说："刘濞率军攻打我国，我们已经损失数万人马，实在抵挡不住了，请朝廷赶快发兵救援吧。"汉景帝听了，立即派周亚夫率三十万大军前去平叛。周亚夫说："刘濞率领的吴楚大军素来强悍，如今士气正旺，如果与他们正面交锋，一时恐怕难以取胜。"汉景帝问道："那么，你可有什么计谋退敌？"周亚夫回答说："叛军远离江南，粮草供应特别困难。我们如能断其粮道，敌军定会不战自乱的。荥阳是东西方的要冲，必须抢先控制。"汉景帝听了，点点头说："说得好，就照你说的办吧。"

周亚夫到荥阳后，分兵两路，前去袭击敌军后方：一路袭击吴、楚供应线，断其粮道；一路由他亲自率领，袭击敌军后方重镇昌邑。

周亚夫占据昌邑后，加固营寨，准备坚守。刘濞闻报大惊道："想不到周亚夫不与我正面交锋，却抄了我的后路！"于是，他立即命令部队去攻昌邑，并打通粮道。

刘濞数十万大军气势汹汹，猛扑昌邑。周亚夫避其锋芒，拒不出战。敌军数次攻城，都被乱箭射回。刘濞无计可施，数十万大军驻扎城外，粮草很快便用光了。

双方对峙几天后，周亚夫见叛军饿得毫无战斗力了，这才调集部队，打开城门，发起猛攻。叛军大败，刘濞落荒而逃。

刘濞带了几千人冲出重围，逃到长江南岸的丹徒，想去联合东越，卷土重来。

周亚夫早已悬赏一千斤黄金购买刘濞的人头，东越见刘濞前来搬兵，乘机杀了他，把他的脑袋献给了周亚夫。周亚夫深沟高垒，令刘濞求战不得；又断其粮道，釜底抽薪，为维护国家统一建立了不朽功勋。

### （四）昆阳大捷

西汉末年，王莽夺取汉朝江山，建立新朝，做了皇帝。

在王莽统治下，百姓的土地被剥夺，仅有的一点积蓄被搜光，吃不饱，穿不暖，饿死冻死者无数，百姓再也无法活下去，只得造反了。

起义军不断发展壮大，一些封建地主也率领地主武装参加了反对王莽的义军，其中著名的有刘玄、刘秀等人。不久，刘玄被义军立为皇帝，号称更始帝。

王莽见全国都反了，忙派大将王邑、王寻率领四十二万军队，号称百万，杀向义军。

王莽为了确保胜利，又派巨人巨毋霸参战。巨毋霸身材魁梧，面貌奇丑，力能拔树，善于驯兽，连虎豹见了他都害怕。王莽从上林苑中放出许多虎豹犀象，由巨毋霸率领作为前驱。

刘秀奉更始帝命令和王凤、王常、李轶等人连克数城后，正在昆阳休整。

一天，士兵跑到将军府报告说："敌军兵临城下了！"刘秀急忙上城，只见官军像潮水般涌来，便让城外的义军退进昆阳城中暂避锋芒。

这时，义军的一些将领对刘秀说："目前敌众我寡，难以守城，不如大家分散开来，各自为战吧。"刘秀不同意这样做，他说："我们人少，如果集中力量打击官军的一路，还是有胜利的可能的。如果分散开来，必然被各个击破。因此，我们必须同心协力守住昆阳，打败官军。"义军将领听了这话，恍然大悟。

昆阳城里只有八九千义军。义军首领王凤、王常和刘秀商量，决定由王凤、王常负责守城，由刘秀、李轶等十三人趁黑夜骑快马冲出南门，到附近去组织援军。刘秀和李轶于当天后半夜趁敌军熟睡时，设法突出重围。

四十二万大军将昆阳围了好几十层，旌旗遍野，尘土遮天，战鼓声传几十里。官军把云梯、撞车和楼车都用上了，还挖掘地道，想从地下攻进城去。

中国古代军事

官军万箭齐发，像雨点一样落在城中，城里汲水的人要顶着门板才敢出门。

义军针锋相对，在城上堆满了滚木礌石，像冰雹一样砸向官军。

义军日夜苦战，一个多月之后，刘秀率领援军赶来了。

王邑、王寻见刘秀只带来几千名援军，不由得哈哈大笑道："这不是以卵击石吗？"

刘秀一马当先，冲向敌阵。士兵见了，一个个像猛虎一样跟了上去。官军没想到刘秀攻势这样猛，退了好几里才稳住阵脚。

这一仗，刘秀消灭官军一千多人。一连几天，刘秀猛打猛冲，每天都消灭许多官军。

这时，宛城已被义军攻下，但刘秀还不知道这个消息。他为了瓦解敌人军心，特地让人装成从宛城来的报信人，信中说："宛城已被我军攻下，大军马上要支援昆阳了！"刘秀让送信人故意把信丢在路上，让官军拾去。

王邑、王寻见到这封信后，十分沮丧，失去了攻城的信心。

城里的义军听到城外的喊杀声，又见官军阵脚已乱，便知道刘秀的援军到了。他们信心倍增，准备看好时机，里应外合消灭敌人。

刘秀侦察到官军指挥中心在昆阳城西的小河边，便带着三千人组成的敢死队直捣过去。官军将士从睡梦中惊醒，四处乱窜。混战中王寻被杀，其他人来不及抵抗，纷纷逃命。

这时，王凤、王常率军从城中杀出，里应外合，打败了敌人。

巨毋霸见王寻被杀，勃然大怒，驱动野兽冲向义军。义军见了，正在惊慌之时，忽然空中雷声大震，暴雨骤至。野兽听到炸雷声，吃了一惊，纷纷掉转身子向官军冲去。官军争着逃命，自相践踏，死了不少人。逃出一百多里后，因抢着渡河，又淹死了好几万人。巨毋霸被逃兵一挤，扑通一声掉进河里，活活淹死了。

王邑逃回洛阳，四十二万人只剩下几千人了。

在这次昆阳大战中，义军总人数只有一万多人，却打败了官军四十二万人。这一消息震动全国，大大地鼓舞了义军的斗志。

这是打败王莽的关键一战，由于刘秀在昆

阳大捷中起了决定性的作用，人们都对他另眼相看了。

### （五）赤壁之战

曹操统一北方后，发展农业生产，增强军事力量，实力越来越雄厚。于是，他决定进军南方，消灭荆州的刘表和江东的孙权，进而统一全国。

汉献帝建安十三年（208年）七月，曹操率军南下，要夺取荆州。八月，荆州牧刘表病死，他的内弟蔡瑁等人拥立刘表次子刘琮为荆州牧。蔡瑁听说曹军声势浩大，吓破了胆，劝刘琮向曹操投降，刘琮同意了。九月，曹操大军到了新野，刘琮遣使者送上降表，迎接曹操进入荆州。

这时，刘备正驻守樊城，听说刘琮已降，又见曹操大军逼近，抵抗已经来不及了，只得匆忙率领军民向江陵转移。

江陵是军事重镇，又是兵力和物资的重要补给地。曹操怕刘备占领江陵，就亲自率领五千轻骑兵不分昼夜地追赶，一日一夜追了三百多里。几天后，曹操在长坂坡追上刘备。刘备大败，曹操夺取了江陵。

刘备从小路逃到夏口，在那里和刘表的长子刘琦合兵一处，约有二万人。

曹操占了荆州，收降了刘琮的水军，如今又占了江陵，得到了大量的军用物资。于是，他决定顺江而下，先消灭刘备，再消灭孙权，占领江南，统一全国。

孙权闻讯，忙派鲁肃到刘备那里去察看军情，并且想说服刘备共破曹操。刘备十分赞成鲁肃的主张，带领军队退守长江南岸的樊口。

曹操收降刘琮水军八万多人后，兵力增加到二十多万。他率军沿江东下，直逼夏口。诸葛亮见形势紧张，对刘备说："让我到孙权那里求救吧！"刘备立即同意了。

诸葛亮见到孙权，对他说："曹操破了荆州，威震四海。现在，他顺江而下，直逼江东。孙将军如果想抵抗曹操，就应该立刻跟他断绝关系；如果没有这份胆量，何不趁早投降呢？"孙权一听这话，反问道："刘豫州为什么不向曹操投降呢？"诸葛亮回答说："刘豫州是汉朝王室后裔，才能盖世。眼前遇到一点困难，怎么能屈居人下呢！"孙权听诸葛亮这么说，猛地站起来说："我不能让江东十万雄兵受制于人，我主意已定。不过，刘豫州刚刚打了败仗，怎能抵抗曹操呢？"诸葛亮说："刘豫州还有精兵两万。曹操兵马虽多，但是经过长途跋涉，已经疲惫不堪。何况曹军多半是北方人，到南方后水土不服，又不习惯水战。再说，他们刚刚占领荆州，人心不服。在这种情况下，只要我们两家协力作战，是一定能打败曹操的。"孙权觉得诸葛亮的分析很有道理，更增强了抗曹的决心。

孙权召集文臣武将开会，商讨抗击曹操的办法。恰在这个时候，曹操写信威吓孙权，说他带领八十万大军前来，要同孙权会战。孙权把曹操的信拿给大家看，许多人看后大惊失色。长史张昭说："我们可以凭借长江天险抗拒曹操，现在曹操占了荆州，得了刘琮的水军和几千条战舰，长江已经失去了阻挡敌军的作用，我们还有什么办法抵抗曹操呢？依臣看，我们不如和他讲和！"孙权听到这种投降言论，心里很不高兴，起身离开了。

鲁肃见状，急忙跟在孙权后面，追到屋檐下，对孙权说："张昭的话千万听不得，应当把周瑜叫回来，和他一起共商大计。"孙权接受了鲁肃的建议，宣布暂时休会，等周瑜来了再说。

周瑜当时正在鄱阳湖训练水军，听说孙权召见他，立即动身来到柴桑。他听了文武官员的意见后，对孙权说："将军割据江东数千里，兵精粮足，应当横行天下，怎能向曹操屈服呢？其实，曹军最多不过二十几万人。现在天寒地冻，他们的军马缺乏草料。北方士兵来到南方，水土不服，必然生病。这些都是曹军的致命弱点。依臣看，这正是我们打败曹操的最好时机。请主公拨给臣几万精兵，开赴夏口，定能击败曹军。"孙权听周瑜这么说，精神为之一振。他拔出佩刀，一刀砍下木案的一角，对众臣说："谁要是再提投降曹操，就和这张案子一样。现任命周瑜为大都督，程普为副都督，鲁肃为赞军校尉，带领三万人马，与刘备水军会合，协同作战，共破曹操。"孙刘联兵抗曹，就这样定下来了。

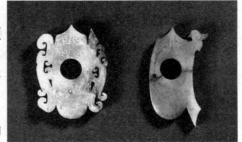

几天后，孙刘联军进驻长江南岸的

赤壁，同北岸的曹军隔江对峙，一场大战即将开始了。

这时，曹军因水土不服，渐渐生起病来。加之风浪颠簸，许多人晕船，恶心呕吐，失去了战斗力。对此，曹操非常焦急。周瑜派庞统献计说："丞相，何不把战船用铁链连在一起，铺上木板，就会四平八稳了，这种大船称为'连环船'。"曹操听了，觉得有理，急忙命令工匠连夜将船连在一起。此后，人在船上行走就像在陆地上一样。

周瑜见曹操中计，进一步同众将商量对策。部将黄盖说："连环船有个致命的弱点，最怕火攻。"周瑜说："火攻确实是好，可如何火攻呢？得有人前去诈降，接近他们，趁机纵火才行。"黄盖说："我愿意去诈降，就是粉身碎骨，也要火烧曹营！"

几天后，曹操接到了黄盖来求降的信。曹操认为自己处于绝对优势，江东覆亡的命运已不可避免，因而对黄盖投降深信不疑，便同黄盖约定了投降的日期和暗号。

到了约定日期，天将黑时，士兵报告曹操说："有十条插着青龙旗的小船从南岸驶来了。"曹操高兴地说："这是黄盖前来投降了。"

黄盖的船上装满了浇过油的枯柴和干草，外边盖着帷幕。在离曹营两里远的水面上，黄盖命令士兵道："点起火来！"当时，东南风正猛，火借风势冲天而起，十条船就像十条火龙冲向曹营，把曹营的船只都烧着了。曹营的船是用铁链锁着的连环船，很快就烧成了一片火海，烈焰腾空，火光把江岸的石壁都照红了。曹军一片惊慌，争着逃命，烧死淹死的士兵不计其数。

周瑜指挥联军主力冲向曹军，曹军大败。孙刘联军分水陆两路乘胜追击，曹操率军由华容道撤回江陵。

曹操到了江陵，见剩下的士兵多已染病，无力反击，便留下曹仁、徐晃镇守江陵，乐进镇守襄阳，自己则率大军北归了。

# 三、魏晋南北朝时期的战役

## （一）亭之战

东汉献帝建安二十五年（220年），曹操病死。同年，他的儿子曹丕逼迫汉献帝让位，自己做了皇帝，建立魏国，东汉灭亡了。

同在这一年，孙权占领荆州，杀了刘备的大将关羽。

次年，刘备称帝。七月，刘备亲率大军东征孙权，要为关羽报仇。赵云劝阻道："如果先灭魏国，则东吴自然归附。陛下不可置魏国于不顾而兴兵伐吴。"刘备不听。

诸葛亮的哥哥时任东吴南郡太守，也写信给刘备说："关羽再亲，有献帝亲吗？荆州再大，有海内大吗？同样是仇敌，谁先谁后，要分清楚。"刘备也不听。

孙权见蜀军来势甚猛，心中恐惧，几次派人向刘备求和，都遭到拒绝。这时，东吴大将周瑜、鲁肃和吕蒙等人已经先后去世了。孙权任命年轻的镇西将军陆逊为大都督，统率朱然、徐盛、韩当、孙桓等几员将领和五万人马抵抗刘备。

东吴的文臣武将对陆逊就任大都督议论纷纷，有的说："陆逊声望不高，怎能指挥打仗呢？"有的说："陆逊才能不够，担不起统帅的重任。"孙权知道陆逊为人忠厚，才能出众，他力排众议，坚决把统帅的重任交给了陆逊。

陆逊辞别孙权，带着水陆两军开赴前线。

这时，刘备已经率军从秭归进抵猇亭，深入吴境五六百里。蜀军从巫峡到猇亭，沿路扎营，绵延七百里，兵力开始分散了。

东吴将领对陆逊说："赶快出兵迎击刘备吧。"陆逊说："刘备带兵东下，连连得胜，气势正旺，并且占据高处，我们很难攻破他。如果初战不利，就会挫伤士气。这是关系全局的大事，不可轻举妄动。我们应当勉励将士，布置防御，

古代战役

127

等待时机。"将领们听了，以为陆逊胆小，害怕刘备，脸上都露出轻蔑的神色，嘲笑他懦弱。陆逊拔出宝剑，严肃地对将领们说："我本是一介书生，主上交给我如此重任，是因为我还有一点可取之处，就是能够忍辱负重，把事情办好。你们只准紧守关隘，不准出战。违抗命令的，一律军法从事！"众将听了，不敢再说什么了。

蜀军多次挑战，陆逊总是置之不理。吴、蜀两军就这样相持了一百多天。

刘备见一时不能取胜，心生一计，命令吴班带着一万多老弱士兵，到靠近吴军的地方去扎营。自己率领精兵八千，在山谷里埋伏起来。吴班带领士兵挑战，耀武扬威，不断辱骂吴军。许多士兵还脱下衣服，赤身裸体地坐着或躺着，引诱吴军出击。

吴军将领十分气愤，都要求出战。陆逊说："这是蜀军诱敌之计。"他命令吴军照旧坚守阵地，不要理睬蜀军。

过了几天，刘备知道诱敌之计已经被陆逊识破，只好撤出山谷里的伏兵。

当时已近盛夏季节，天气异常炎热。蜀军忍受不了蒸人的暑气，叫苦连天。刘备只得让水军离船上岸，和陆军一起，靠着溪沟山涧，在树林茂密有阴凉的地方扎下互相连接的四十多座军营，以便避暑休军，等秋凉后再向吴军大举进攻。

陆逊见蜀军战线拉得过长，兵力分散，士兵疲劳，士气低落，知道反攻的时机已经到了。

为了取得胜利，陆逊先派出一小部分兵力对蜀军的一个营寨进行试探性进攻，结果吃了亏。于是，陆逊决定火攻。

陆逊命水兵用船只装载茅草，迅速运到指定地点。陆路士兵每人到船上拿一把茅草，将硫黄、硝石等引火物藏在茅草里，一到蜀营就顺风放火。

吴军又是火攻，又是突然袭击，搞得蜀军毫无防备，顿时乱成一团。刘备逃到马鞍山，陆逊的大队人马又把马鞍山团团围住，从四面放火烧山，蜀军又死了万余人，尸体遮盖了江面。

刘备只得带着残兵败将杀出一条血路，冲出重围向西逃跑。负责断后的蜀将傅彤坚持战斗，率领部下往来冲杀，身受重伤仍奋力死战，刘备才得以趁着夜色摆脱追兵，逃到了白帝城。

陆逊坚守不战，伺机火烧蜀军，立下了大功。

## （二）淝水之战

前秦皇帝苻坚统一北方后，雄心勃勃，总想消灭东晋，统一天下。

他在几次小规模的战争中打败晋军后，竟骄傲起来，自以为天下无敌，决定向东晋发起大规模的进攻。

东晋孝武帝太元八年（383年），苻坚统率步兵六十万、骑兵二十七万，号称百万大军，浩浩荡荡向东南地区进发了。他把军队分成三路：一路由他的弟弟苻融和鲜卑人慕容垂率领，共二十五万人，作为前锋，从长安出发东进；一路由羌人姚苌率领，沿长江顺流而下；另一路从幽州出发南下。

这时，东晋由谢安担任宰相，掌握军政大权。在强敌压境、生死存亡的关头，东晋统治集团在谢安的领导下空前地团结起来，他们决定抵抗前秦的进攻，紧张地进行军事部署。谢安任征讨大都督，命令谢石指挥全军，谢玄担任先锋，带领八万兵马迎击前秦大军。谢安派大将胡彬率领水兵五千，赶去增援淝水之滨的寿阳城。

前秦军队由于兵马太多，战线拉得很长。苻融率领的先锋部队经过一个多月的日夜行军，到达淮河北岸的颍口。苻坚率领的主力军，随后也赶到项城。这时，凉州的军队才到咸阳，幽州的军队才到彭城。

苻坚求胜心切，不等其他各路人马到齐，就命令苻融攻下了寿阳。寿阳是军事重镇，它的得失对于整个战局具有举足轻重的作用。

增援寿阳的胡彬在半路上接到寿阳失守的消息，只好退守硖石。

苻融攻下寿阳后，一面继续攻打硖石，一面派部将梁成带领五万人马向西推进，占领军事要地洛涧。梁成在那里扎下了许多水寨，把谢玄带领的八万晋军挡在洛涧东边。

符坚听说已经攻下寿阳，高兴极了，当夜就带了八千轻骑兵到了寿阳，然后派尚书朱序到晋军大营去劝谢石投降。

朱序本来是东晋的将领，他在襄阳和前秦军队作战时，兵败被俘，受到符坚的器重，但他念念不忘东晋。现在，他认为自己为东晋出力的机会到了。他到了东晋大营，不但没有劝降，反而向谢石提出了破秦的建议，他说："秦兵百万，势不可当。现在应当趁他们各路兵马还未到齐之机，先打败他们的先锋，挫伤他们的锐气。你们进攻时，我可以作内应，协助你们破敌。"谢石等人经过反复研究，决定首先袭击洛涧的秦军，让朱序在晋军进攻秦军主力时再配合行动。

谢石派战斗力很强的北府兵将领刘牢之带领一支兵马，在夜间抵达洛涧，向秦军阵地发起突然袭击。

正在睡梦中的秦将梁成听到喊杀声，吓出一身冷汗，慌慌张张地从床上爬起来上马迎战，结果被刘牢之一刀砍于马下。秦军失去主将，无心再战，大败而逃。

晋军乘胜追击，谢石带领晋军主力渡过洛涧，在离寿阳城只有四里地的八公山扎下营寨。

在寿阳城里的符坚接到洛涧方面失利的消息，忙和符融一起登上寿阳城楼，瞭望晋军动静。只见晋军阵势森严，旌旗如林，八公山上的晋军密密麻麻的。看到这种情景，符坚吃了一惊，对符融说："你看，这满山遍野全是晋兵，没想到他们有这么多人！"他连忙下令，要各处秦军严密防守，没有他的命令，不许出击。

其实，八公山上并没有晋军。符坚因为秦军在洛涧吃了败仗，挫伤了锐气，心里发慌，眼花缭乱，才把八公山上的草木看成是晋兵了。"草木皆兵"的成语就是从这里来的。

过了几天，谢石派了一个使者来到寿阳城，向符融下战书，要求定期决战，条件是秦军把阵地向后移动一些，腾出一块空地作为战场，让晋军渡过淝水和秦军决战。

符融立即去报告符坚，两人一商量，同意后撤，以便趁晋军渡河时突然袭击，把晋军消灭在淝水里。

到了约定的日子，符坚传下号令，叫秦军拔营后退，好让晋军渡河。秦军士兵大多数是被强迫来打仗的，他们本来就不愿意替符坚卖命，现在一听说要拔营后退，就像决了堤的洪水，转头拼命向后跑。

这时，晋军按预定计划，由谢玄、谢琰等将领带着八千骑兵冒着严寒抢渡淝水，冲向秦军阵地。

朱序看见秦军后撤，晋军渡河，就在秦军阵后大声喊道："秦军败了！秦军败了！"正在向后退的秦军听到喊声，以为真的打了败仗，便争先恐后地只顾逃命了。符融飞身上马，跑过去阻止队伍后退，结果连人带马被挤倒在地。他还没有来得及从地上爬起来，就被晋军一刀砍死了。

秦军见符融被杀，个个吓得如惊弓之鸟，抱头鼠窜。他们听见随风飘来的八公山上的鹤鸣声，也以为是晋军追上来了。他们自相践踏，死亡无数，尸横遍野，血流成河。

晋军乘胜追击，一口气追了三十多里才收兵。

符坚退回长安，清点一下人马，原来的几十万人只剩下十分之二三了。

古代战役

## 四、隋唐五代时期的战役

### （一）隋文帝灭陈

南北朝末期，杨坚称帝后，改国号为隋，定年号为开皇。杨坚就是中国历史上有名的隋文帝。

当时，隋文帝只统治北方半个中国，与江南的陈朝隔江而治。

过了几年，隋文帝见国家日益富强，认为灭陈的时机成熟了。

开皇八年（588 年）春天，隋文帝任命二儿子晋王杨广、三儿子秦王杨俊和大臣杨素三人为行军元帅，率东、中、西三路大军出师伐陈。

隋将贺若弼精通兵法，他在渡江前将购买的大量陈国船只藏了起来，又买了五六十艘破船放在江边。陈人见了破船，以为北国无船，全都放心了。

贺若弼还命令驻军换防时，要在选中的渡江地点——广陵交接，一定要大张旗鼓，虚张声势。他们换防时，陈人以为隋军要渡江了，急忙发兵迎战。当明白了对方是在办交接时，便将军队解散了。以后隋军换防时，陈人再也不防备了。

每隔几天，贺若弼就叫士兵沿江打猎，人马喧腾。

这样折腾了一阵，对岸的守军都放松了警惕。

当贺若弼真的率领大军从广陵渡江时，南方的守军早已喝醉了，丝毫没有察觉。

隋军兵临城下，陈朝大臣仍在钩心斗角，你争我夺，没有退敌之策。陈后主如坐针毡，十分烦躁。最后，他不顾众臣反对，派萧摩诃率军出城与隋军决一死战。

陈军早已不堪一击，只这一仗，隋军就进入建康了。

这时，只有尚书仆射袁宪还在殿中，其余的大臣都逃走了。陈后主惊慌失措，想要躲起来。袁宪正色道："北兵虽入，必无所犯。大局如此，陛下还能

中国古代军事

去哪里？臣请陛下迎接北军吧！"陈后主不听，边跑边说："锋刃之下，还是躲一下好。"

陈后主跑到景阳殿，躲到井里。隋军进殿后，向井下喊道："井下有人吗？快上来！"下面寂静无声。隋军又喊道："再不上来，要扔石头了！"陈后主一听吓坏了，忙大声喊道："不要扔！我们上去。"隋军放下绳索，往上拉人，发现太重，几个人一齐用力，才将井下的人拽上来。一看，原来拽上来三个人，除陈后主外，还有张贵妃和孔贵嫔。

至此，陈朝灭亡了。

## (二) 虚虚实实

唐朝安史之乱时，安禄山气焰极其嚣张。他趁朝廷没有防备，突然作乱，连连大捷。兵出冀南后，叛军一分为二：一路兵锋直指洛阳和长安；一路要夺取江南鱼米之乡，切断朝廷的粮道。

张巡是唐朝名将，邓州南阳（今属河南）人。他博览群书，过目不忘，通晓兵法，极重气节。开元末年，张巡考中进士，曾担任太子通事舍人，后出任清河县令，政绩卓著，又调任真源县令。

天宝十五年（756年），张巡起兵抗拒安禄山叛军，坚守雍丘（今河南杞县）。叛将令狐潮、李怀仙等率四万余人来到雍丘城下，拼命攻城。

张巡率军坚守数月，每战必胜。后来，城中的箭射光了，张巡便于夜间将千余个草人缒下城去，引诱敌军。敌军以为唐军下城偷袭，都拈起弓来，乱箭齐射，张巡轻易地得到了数十万支箭。

敌军发现上当，后悔莫及。当张巡于夜间将勇士缒下城时，敌军以为仍是草人，并不设防。勇士杀进敌营，挥刀乱砍，如砍瓜切菜一般，杀敌无数。

面对区区一座小城，敌人束手无策。

唐肃宗至德二年（757年），张巡应许远之邀，入援睢阳（今河南商丘）。

这时，安禄山之子安庆绪正派部将尹子

琦率十万大军进攻睢阳。睢阳是通往江南的大门，战略地位极其重要。敌兵攻城二十余次，都被唐军击退了。

尹子琦见士兵已经疲惫，只得鸣金收兵。

晚上，叛军刚刚休息，忽听城头战鼓咚咚，喊声震天。尹子琦急忙率军出营，准备与冲出城来的唐军激战。但唐军干打雷不下雨，紧闭城门，一个兵都没出来。

尹子琦见上了当，只得率军归营。刚要睡，城头战鼓又响了。尹子琦怕这次唐军真的杀出来了，急忙起身率军迎战，不料又白跑了一趟。

就这样，叛军被折腾了一夜，没得休息，一个个疲惫不堪，连眼睛都睁不开了，只得倒在地上呼呼大睡。

这时，城中一声炮响，张巡率领守军真的冲了出来。叛军从梦中惊醒，乱作一团。张巡率军连斩五十多个叛将，敌军大败。

张巡下令道："擒贼先擒王，快捉拿叛军首领尹子琦！"

将士得令，一直冲到叛军帅旗下。张巡从未见过尹子琦，在乱军之中，更加难以辨认。张巡心生一计，让士兵削尖秸秆作箭，射向敌军。敌军发现中的是秸秆箭，以为张巡军中已没有箭了，都争先恐后向尹子琦报告这个好消息。这样，张巡一下子认出了叛军首领尹子琦，急令神箭手南霁云射杀尹子琦。南霁云拈弓搭箭，一箭射中尹子琦左眼，顿时鲜血淋漓。尹子琦疼得仓皇逃命。叛军一见主帅逃命，也都跟着逃跑了。

## （三） 高平之战

后梁末帝龙德元年（921年），柴荣生于邢州龙冈。他的姑母是五代后周太祖郭威的结发之妻，因姑母无子，柴荣从小由姑母收养，住在郭威家里。郭威很喜欢他，不久就收他为养子了。

当时，郭威还是个小军官，生活不富裕。柴荣帮助姑母料理家务，日子过得很惬意。柴荣跟郭威学会了十八般武艺，尤其善于骑射，并且粗通经史。

郭威的职位一天天升高，柴荣在郭威手下担任军官，逐步培养起军政才能。

后周太祖广顺元年（951年），郭威建立后周，史称后周太祖。柴荣以皇子

中国古代军事

身份出任澶州节度使，成为郭威的得力助手。后周世宗显德元年（954 年），郭威病死，皇位顺理成章地落到柴荣头上。

柴荣即位，史称后周世宗。

这时，北汉国主刘崇认为后周局势不稳，进占中原的时机已到，就集中三万人马，又请辽主派出一万骑兵，两家联兵向潞州（治所在今山西长治）进攻。

消息传到汴京，世宗立刻召集大臣商量，要亲自带兵抵抗。大臣们说："陛下刚刚即位，人心容易动摇，不宜亲自出征，还是派个将军去吧！"

世宗说："刘崇趁我刚遭丧事，又欺我年轻，想吞并中原。这次他亲自来，我要亲自对付他。"

这时只有老臣冯道站出来反对，世宗对冯道说："过去唐太宗平定天下，都是自己带兵，我怎能苟且偷安呢？"

冯道冷冷地笑了一声说："陛下能比得上唐太宗吗？"

世宗见冯道瞧不起他，激动地说："我们有强大的兵力，要消灭刘崇，就如泰山压卵一样。"

冯道说："陛下能像一座山吗？"

世宗听了十分气愤，拂袖而去，亲征的事就这样定了下来。

当两军在高平相遇时，双方都有数万人马，但柴荣的一支后续部队尚未赶到，并且由于急行军，士兵都很疲劳。

北汉刘崇率领三万大军居中，辽大将杨衮率军居西为右军，先锋张元徽率军居东为左军，阵势十分严整。

后周一些将领见状，不由得胆怯起来。刘崇见此情景，竟骄傲起来。辽大将杨衮劝他说："千万不要轻敌！"他不加理睬，对杨衮说："将军不必出战，看我破敌吧！"他深信胜券在握。为了显示镇静，他还传令军中奏乐饮酒。

两军刚一交锋，后周右军将领樊爱能、何徽便扔下部队，只率少数骑兵逃离阵地。右军骑兵大乱，数千步兵见逃跑已经来不及，都丢下武器向敌军投降了。

樊爱能、何徽拼命逃窜，还造谣说后周大军已经战败投降，阻止后军前进，扰乱了军心。

溃军一路抢劫，世宗派人命令他们停下来，他们反而杀了使者，继续逃窜。

世宗见此情景，仍能镇定自若，端坐在马上督战，没有一丝惧色。他率身边的亲兵数十人向前冲去，直奔刘崇大帐。

后周将士见皇帝亲自冲锋陷阵，也都奋勇冲杀，一时间杀声震天，吓破了敌胆。后周大将赵匡胤喊道："皇上都不怕死，我们还不拼命吗？"说着，便和禁军将领张永德分左右两路直冲敌阵。

北汉将士没料到后周大军来势如此凶猛，顿时大乱，左军大将张元徽在激战中被杀。

辽大将杨衮因刘崇不重视他，很不高兴。当他看到后周将士冲杀过来时，忙带着骑兵撤走了。

刘崇见大势已去，只得披上蓑衣，戴上斗笠，仅带一百余人狼狈逃回太原。

此战，世宗获胜，稳定了国家局势。

# 五、宋元时期的战役

## （一）虞允文退敌

　　北宋灭亡后，康王赵构逃到南方，建立了南宋小朝廷。他不敢与金国为敌，便每年送给金国大批金帛，与金国签订了《绍兴和议》。

　　《绍兴和议》签订后，宋金双方形成了南北对峙局面。宋高宗和一批投降派大臣对于这个偏安局面十分满意，在临安建起豪华的宫殿和府第，过上了纸醉金迷的生活，将收复失地的事忘得一干二净了。在这段时间里，金朝统治集团发生内讧，贵族完颜亮杀死了金熙宗，自立为帝，历史上称其为海陵王。完颜亮把金朝的京都从上京迁到燕京，一心想发动战争，消灭南宋。

　　有一次，完颜亮做了个梦，梦中他上了天宫，天帝命令他讨伐宋朝。上朝时他跟大臣谈起这个梦，一些大臣凑趣，都说这是个好兆头，向他祝贺。完颜亮一高兴，就把发兵南侵的事定了下来。

　　完颜亮准备发兵的风声传到南宋都城临安，有些官员要朝廷早作准备，反而被宋高宗斥责为造谣生事。

　　宋高宗绍兴三十一年（1161 年），完颜亮率领六十万大军进攻南宋。

　　金军逼近淮河北岸时，防守江北的主帅刘锜生病了，只好派副帅王权到淮西寿春去防守。王权贪生怕死，听说金兵南下，早已吓得失魂落魄，根本不想抵抗。

　　完颜亮渡过淮河，王权还没见到金兵的影儿就闻风而逃，一直逃过长江，到采石（今安徽马鞍山西南）才停下来。

　　宋高宗听说王权兵败，这才害怕了。他把王权撤了职，另派李显忠代替王权，并派宰相叶义问去视察江上守军。

　　叶义问也是个胆小鬼，不敢亲自上前线，另派中

古代战役

书舍人虞允文到采石慰劳宋军将士。

虞允文到了采石，王权已经走了，接替王权职务的李显忠还未到任。对岸的金兵正在准备渡江，宋军没有主将，人心惶惶，秩序大乱。

虞允文到了江边，见宋军三三两两垂头丧气地坐在那里，把马鞍和盔甲丢在一边。

虞允文上前问道："金人快要渡江了，你们坐在这里等什么呢？"

士兵们抬起头，见是一个文官，没好气地说："将军都跑了，我们还打什么仗？"

虞允文见队伍这样丧失斗志，十分吃惊，觉得不能再等李显忠了，就立即召集将士，对他们说："我是奉朝廷命令到这里来劳军的。你们只要为国立功，我一定报告朝廷，论功行赏。"

士兵们见虞允文出来做主，都打起精神来，纷纷说："我们吃尽了金人的苦，谁不想抵抗？现在既然有大人做主，我们愿意拼命杀敌。"

随虞允文一起去劳军的官员悄悄对他说："朝廷派大人来劳军，又不是要大人来督战。别人把事情办得这么糟，大人何必背这个包袱呢？"

虞允文一听，气愤地说："这是什么话！现在国家危急，我怎能考虑个人得失，逃避责任，袖手旁观呢？"虞允文是个书生，从来没有指挥过战役。出于爱国之心，他鼓起勇气，命令步兵、骑兵排好阵势，又把江面的船只分为五队，一队在江中，两队停泊在两侧岸边，另外两队隐蔽在港汊里作后备队。

宋军刚布置好，金兵已经开始渡江了。完颜亮亲自挥动红旗指挥，几百艘大船满载金兵向南岸驶来。不大工夫，金兵陆续登岸了。

虞允文命令部将时俊率领步兵出击。时俊挥舞双刀，带头冲向敌阵。宋军士气高涨，拼命冲杀。金兵这次进军以来，从未遭到抵抗，突然碰到这样强大的敌手，一下子就垮了。

江面上的宋军战船也向金军大船冲去。宋军战船虽小，但是很坚实，就像尖刀一样插进金军的船队，把敌船拦腰截断。敌船纷纷被撞沉，船上的金兵一半落在水里淹死，一半还在作垂死挣扎。

不久，太阳落山，天色暗了下来，江面上的战斗还未结束。这时，正好有

中国古代军事

138

一批从光州（今河南潢州）逃回来的宋军到了采石。虞允文发给他们许多军旗和战鼓，让他们从山后面摇动旗帜、敲着战鼓绕到江边。江上的金兵听到南岸鼓声震天，看到山后无数旗帜在晃动，以为宋军大批援兵赶到，便不敢再战，吓得纷纷逃命了。

金军惨败，完颜亮暴跳如雷，一肚子怒气全发泄在士兵身上，把逃回去的士兵全斩了。

虞允文料到完颜亮不会甘心，当夜把战船分为两队，一队开到上游，一队留守渡口。

次日，天蒙蒙亮，完颜亮又派金兵渡江了。虞允文指挥两队战船夹击敌人，金兵尝过虞允文的厉害，无心再战。三百只大船被困在江心和渡口，宋军放起一把火，把敌船全烧了。

完颜亮渡江不成，又把士兵杀了一批，之后带人马到扬州，想从那里渡江。

宋军在采石大捷之后，主将李显忠才带兵赶到。李显忠听说书生挥师杀敌，十分钦佩。

虞允文对李显忠说："敌人在采石兵败后，一定会到扬州去渡江。扬州对岸的镇江尚未设防，情况很危险。将军在这里守着，我到那边去看看。"

李显忠马上拨给虞允文一支人马，送他前往镇江。

虞允文到镇江后，命令水军在江边演习。宋军造了一批车船，在金山周围巡逻，来去如飞。北岸的金兵见了，十分吃惊，忙去报告完颜亮。完颜亮大怒，把报告的人打了一顿。

金兵打了几次败仗，早已无心恋战了。有些将士暗地里商量逃走，完颜亮发现后，下令："士兵逃亡的杀将领，将领逃亡的杀主将。明日全军渡江，畏缩不前者斩首。"

金军将士对完颜亮的残酷统治再也无法忍受，未等完颜亮发出渡江命令，当天夜里就冲进大帐将他杀了。

完颜亮一死，金兵立即全线撤退了。

此战，一介书生凭着爱国心挥师退敌，保住了南宋江山，立下了赫赫战功，古今罕见。

### （二）宋元之战

南宋恭帝德祐二年（1276年），元军攻入南宋都城临安，宋恭帝和母亲全太后被俘。

临安陷落时，宋恭帝的哥哥赵昰和弟弟赵昺逃往温州。

同年五月，礼部侍郎陆秀夫、宰相陈宜中、大将张世杰、大将苏刘义等人在福州拥立赵昰为帝，史称宋端宗，改年号为景炎，封赵昺为卫王，封赵昺的

母亲杨氏为太妃，由杨太妃代幼主听政。接着，下诏令李庭芝等尚在抗战的将领分道出师，中兴宋室。任命陈宜中为左相兼枢密使，张世杰为枢密副使，陆秀夫为签书枢密院事，苏刘义为殿前指挥使。

不久，元军来攻，陆秀夫、张世杰、苏刘义为保幼主，立即护卫宋端宗等登上海船，逃到泉州，接着又逃往广东潮州。

宋端宗景炎三年（1278年），元军从水路追击宋端宗，宋端宗避入广州湾。一天，龙舟突然倾覆，宋端宗落水，虽被随从救起，但已喝了满腹海水，一连几日讲不出话来，病恹恹的。

因元军追兵逼近，宋端宗不得不逃往碙州（今广东雷州湾），几个月后不幸死去。

当时，张世杰主张前往占城（在今越南南部），徐图恢复。陈宜中表示愿意先去探路，大家只得同意。不料，他竟乘机逃走，一去不回，后来死在暹罗（今泰国）。

宋端宗在位三年，死时年仅10岁。

宋端宗死后，群臣灰心丧气，打算散去。这时，陆秀夫鼓励大家说："度宗皇帝一子尚在，将如何处置？想当年，大禹的孙子少康仅有五百人，尚能复国。现在，大宋百官都在，士兵数万，难道不能中兴吗？"于是，陆秀夫、张世杰、苏刘义又拥立6岁的卫王赵昺为帝，杨太妃照旧听政，陆秀夫、张世杰协力辅佐，苏刘义负责小皇帝的安全。

中国古代军事

张世杰认为碙州不可久留，于是，小朝廷迁到地势险要的厓山。

张世杰派人入山伐木，建造行宫及军营千余间。当时，尚有君臣军民二十余万，大多住在船中，物资粮食则从广东沿海各州郡征集。

元军舰队快追到厓山时，一个熟悉海情的大臣对张世杰说："元军如果堵住海口，我们就不能自由进出了。我们应抢先占据海口，如能得胜是国家之福，万一失败还可以西征。"张世杰担心久浮海上，军民会渐渐离心，不如与元军决战，争取胜利，因而没有听取正确的建议。

张世杰把水军排成一字阵，用绳索将船只联结起来，远远望去有如坚城。

元将张弘范追到海边，果然先行占据海口，切断宋军水道。厓山将士干渴十余日，人人站立不稳，难以再战了。

元军发起猛攻，战斗异常激烈。倒在地上的宋军挣扎而起，与元军展开肉搏。结果，宋军大败，血流成河，染红了海水。

张世杰、苏刘义苦战到日暮，自知无望，只得斩断船索，拥杨太妃等人突围。

此时，风雨大作，浓雾四起，咫尺不能相辨，张世杰率十六只战船趁机突围而出。

陆秀夫走到赵昺船中，对他说："国事至此，陛下应当为国而死。德祐皇帝北上后，受尽了奇耻大辱，陛下可不能再受辱了！"说罢，抱着 7 岁的赵昺投海而死，宫女和群臣也纷纷投海自尽。

张世杰突围后，想奉杨太妃为女皇，继续抗元。杨太妃捶胸大哭道："孤家忍死漂泊到此，只为赵氏一块肉，如今已经无望了！"说罢，纵身一跃，投海而死。

张世杰移师海陵山，不幸遇上飓风。将士劝他登岸，张世杰说："不必了。我为赵氏已尽忠竭力了。我之所以未死，是想在敌兵退后再立赵氏，以图中兴。如今风浪如此，这岂不是天意吗？"后来，风浪越来越猛，张世杰不幸舟覆溺死。

至此，南宋彻底灭亡了。

# 六、明清时期的战役

## （一）于谦保卫北京之战

明英宗正统十四年（1449 年）二月，蒙古瓦剌部首领也先派使者到北京进贡，请求通婚。明朝翻译官马云、马青和指挥吴良私自答应了他。于是，也先特地前来贡马，作为聘礼。明廷大臣问道："皇上并未许婚，为何送聘礼？"也先一听，又羞又恼，悻悻而去。

同年七月，也先率军攻打大同。边报传来，太监王振劝明英宗说："也先要求通婚，无礼至极，不给他点颜色看看，他不会老实的。请陛下御驾亲征吧！"明英宗对王振又喜欢又害怕，当时就同意了。

原来，王振是明英宗的贴身太监，粗识文墨。入宫后，他曾教幼年的明英宗识字，因此明英宗怕他；他很有心机，常出宫买些儿童玩具给幼年的明英宗玩，因此明英宗又特别喜欢他，对他言听计从。明英宗长大后，王振不仅掌管后宫，在朝中也是说一不二。他恃宠专权，朝廷内外没人不怕他。

明英宗御驾亲征，命王振为统帅。粮草还未准备充分，五十万大军就仓促出发了。一路上，天降大雨，道路泥泞，行军缓慢，士兵饿死无数，遍地都是尸体。

也先闻报，心中大喜，认为这正是捉拿明英宗，平定中原的大好时机。他命令人马佯败，要将明军引入重围。王振以为瓦剌军害怕明军，忙下令追击瓦剌军。也先见明军中计，下令道："兵分两路，从两侧包围明军！"明军遭到瓦剌军伏击，伤亡惨重。明英宗以为败局已定，急忙下令道："速速班师回京！"

明军撤到土木堡时，天色已近黄昏。大臣们建议说："请陛下令大军再前行二十里，到怀来城里等待援军吧。"王振驳斥道："糊涂！尚有千辆辎重未

中国古代军事

到，岂能抛弃？必须在土木堡等待！"明英宗在王振面前是个不敢拿主意的人，连忙点了几下头。

也先深怕明军进驻怀来，据城固守，下令道："马不停蹄，给我猛追！"在明军抵达土木堡的第二天，也先就追了上来，包围了土木堡。明英宗几次突围不成，被也先生擒。明军见天子做了俘虏，立即溃不成军。

消息传到北京，皇太后和皇后急得直哭，忙从内库拿出大量金银珍宝、绫罗绸缎，偷偷派太监带上去寻找瓦剌军，想把英宗赎回来。结果毫无希望。从土木堡逃回来的伤兵有断了手的，有少了腿的，陆续在北京城里出现了。京城里人心惶惶，城里留下的人马不多，瓦剌军来了怎么抵挡呢？

为了安定人心，皇太后宣布由郕王朱祁钰监国，也就是代理皇帝的职权，并且召集大臣商量御敌之策。大臣们七嘴八舌，不知怎么办才好。大臣徐有贞说："瓦剌兵强马壮，我们抵挡不住，不如迁都到南方去，暂时避一下。"

兵部侍郎于谦严肃地向皇太后和郕王说："主张逃跑的应该斩首。京城是国家根本，如果朝廷一撤，人心一散，大局就不可收拾了。我们要记取南宋的教训啊！"

于谦的主张得到许多大臣的支持，皇太后决定叫谦指挥军民守城。

于谦是明朝著名的民族英雄，浙江钱塘（今杭州）人。他自幼就有远大的志向。他的祖父收藏了一幅文天祥的画像，于谦十分钦佩文天祥，总把那幅画像挂在书桌边激励自己。他还在画像上题词，表示一定要向文天祥学习。长大以后，他考中进士，做了几任地方官。他一向严格执法，廉洁奉公，成了全国闻名的大清官。后来，他升任河南巡抚，奖励生产，赈灾济贫，爱民如子。

王振专权时，朝廷上贪污成风，地方官进京办事总要先送白银贿赂上司，只有于谦从来不送礼。有人劝他说："你不肯送金银财宝，难道不能带点土特产去？"于谦甩了甩两只袖子笑着说："只有清风。"他还写了一首诗，表明自己的态度，诗的后面两句咏道："清风两袖朝天去，免得闾阎话短长。"后句的意思是说免得被人说长道短，"闾阎"是"里巷"之意。这就是成语"两袖清风"的由来。

这一回，在京城面临危急的时刻，于谦毅然担起守城重任。他一面调兵遣将，加强京城和附近关隘的防御兵力；一面整顿内部，逮捕了一批和瓦剌有联系的人。

有一天，朱祁钰上朝，于谦要求宣布王振的罪状，朱祁钰不敢做主。宦官马顺是王振的同党，见大臣们不肯退朝，就吆喝着想把大臣赶走。这下激怒了大臣，有个大臣冲上去揪住马顺，大伙围上来，一阵拳打脚踢，把马顺打死了。

朱祁钰见朝堂大乱，想躲进内宫，于谦拦住他说："王振是这次战争失败的罪魁祸首，不惩办不能平民愤。只有宣布王振的罪状，大臣才能心安，百姓才能协力守城。"

朱祁钰听了于谦的话，猛然醒悟，当即下令抄了王振的家，惩办了王振的同党。这样，人心才渐渐安定下来。

也先俘明英宗后，没有把他杀死，而是挟持英宗，把他当人质，不断骚扰边境。

于谦认为国家没有皇帝不行，人心容易涣散，于是请皇太后正式宣布朱祁钰为皇帝，明英宗改称太上皇。皇太后准奏，于是朱祁钰即位，史称明代宗，又叫景帝。

也先见明朝决心抵抗，就以送明英宗回朝为借口，大举进犯北京。

正统十四年（1449年）十月，瓦剌军打到北京城下，在西直门外扎下大营。于谦立刻召集将领商量对策。大将石亨认为明军兵力太弱，主张把军队撤进城里，然后关上城门。日子一久，也许瓦剌会自动退兵。

于谦说："敌人这样嚣张，如果我们示弱，只会助长他们的气焰。我们一定要主动出兵，给敌人以迎头痛击。"

于谦分派将领带兵出城，在九门外摆开阵势。

于谦亲自率领一支人马驻守德胜门外，叫城里的守将把城门全部关起来，表示有进无退的决心。他还下了一道军令：将领上阵，丢了队伍带头后退的，斩将领；士兵不听将领指挥，临阵脱逃的，由后队将士督斩。

将士们被于谦的勇敢精神和坚定态度感动了，一个个斗志昂扬，誓与瓦剌军决一死战。

这时，各地的明军已接到于谦的命令，也陆续赶到北京救援，城外的明军增加到二十二万人。

十月十一日，瓦剌军逼近北京。也先将军队布置在西直门以西。于谦果断地派兵迎击，打败也先的先锋部队，夺回被俘军民一千多人。同时，于谦又派人率兵在深夜袭击敌营，以疲惫敌军。

十月十三日，瓦剌军乘风雨大作，进攻德胜门。于谦命大将石亨在城外民房内埋伏好勇士，然后派遣小股骑兵佯败诱敌。也先果然中计，亲率大批部队穷追不舍。等也先的军队进入埋伏圈后，于谦一声令下，明军纷纷一跃而起，痛击敌人。只见神机营火器齐发，火箭飞蝗般射向敌军。明军前后夹击，也先部队大败而归。在这一次战斗中，瓦剌军受到沉重打击，也先的弟弟勃罗、平章卯那孩等人也中炮而死。

十月十四日，瓦剌军又改攻彰义门。于谦命守军将城外街巷堵塞，在重要地带埋伏神铳手、短枪手，又派兵在彰义门外迎战。明军前队用火器轰击敌军，后队由弓弩压阵，击退了瓦剌军的进攻。

各地百姓也被于谦组织起来抗击瓦剌军，也先在进攻北京的过程中到处遭到军民的抵抗和袭击。

也先屡败，唯恐后路被切断，便于十五日深夜挟持英宗由良乡向紫荆关撤退。

经过五天的激战，于谦守住了北京，保住了明朝。

十一月八日，瓦剌军全部退出塞外。慑于明军凌厉的攻势，次年八月，也先释放英宗回国，恢复了与明朝的臣属关系。

## （二）萨尔浒之战

后金是女真族在明朝末年建立的政权。

建州女真族首领努尔哈赤统一女真各部，于万历四十四年（1616年），建立后金，年号天命，称金国大汗，以赫图阿拉（今辽宁新宾）为都城。

万历四十六年（1618年），努尔哈赤召开誓

师大会，然后率军攻打明朝。战前，努尔哈赤写信给抚顺明军守将劝他投降。守将李永芳一看后金军来势凶猛，没有抵抗就投降了。明朝辽东巡抚派兵救援抚顺，也被后金军在半路上击败。努尔哈赤下令毁了抚顺城，带着大批战利品回到赫图阿拉。

消息传到北京，明神宗勃然大怒，派杨镐为辽东经略讨伐后金。杨镐集中了十万人马，分兵四路，进攻赫图阿拉。杨镐与诸将议定，总兵刘铤为东路，总兵马林为北路，总兵杜松为西路，总兵李如柏为南路。其中以西路杜松为主力，杨镐坐镇沈阳。

当时，后金八旗军不过六万多人，一些后金将士得到情报后不免有点害怕。努尔哈赤胸有成竹地说："不要怕，不管他几路来，我只是一路去。"他决定集中优势兵力，将明军一路一路地击破。

杜松是一员身经百战的虎将，浑身伤疤累累，有如鱼鳞，一般人都不敢看。接到调令时，大家都劝他说："将军已经是六旬以上的人了，不要去了。"他说："岂能让关外小丑张狂，本将此行定平胡虏，以安天下。"杜松从抚顺出发时，天正下着大雪。他想抢头功，不顾天气恶劣，急匆匆地冒雪行军。他先攻占了萨尔浒（今辽宁抚顺东）山口，接着分兵两路，把一半兵力留在萨尔浒扎营，自己带另一半精兵攻打后金的界藩城（今新宾西北）。

努尔哈赤听说杜松分散兵力，心里暗暗高兴，立即集中八旗兵力，一口气攻下萨尔浒明军大营，截断了杜松的后路，接着又急行军援救界藩城。

正在攻打界藩城的明军听到后路被抄，军心动摇。驻守界藩城的后金军从山上居高临下，泰山压顶般把杜松军杀得七零八落。努尔哈赤率领大军赶到，两路大军把明军团团围住。杜松左右冲杀，想要突围，突然一箭飞来，正中头部。杜松从马上栽下，含恨死去。明军尸横遍野，血流成河，西路人马就这样覆没了。

北路马林是文人出身，他从开原奉命出兵，行军到离萨尔浒还有四十里的地方，就得到杜松兵败的消息。他急忙转攻为守，就地扎营，挖了三层壕沟，准备防守。

努尔哈赤率领八旗兵从界藩城马不停蹄地赶来，进攻明军营垒。正在酣战之际，马林一看大势不好，带着几个随从骑马先跑了。军无主帅，有如群龙无

146

中国古代军事

首，顿时四散溃逃。马林的两个儿子马燃、马熠也战死沙场。

坐镇沈阳的杨镐正在等各路明军的捷报，却接到两路人马覆没的坏消息，顿时惊得目瞪口呆。他这才知道努尔哈赤的厉害，连忙派快马传令，让另外两路明军立刻停止进军。

南路总兵李如柏向来胆小谨慎，行动也特别迟缓，接到杨镐命令后急忙撤退。山上巡逻的二十来名后金哨兵远远望见明军撤退，大声鼓噪，明军士兵以为后面有大批追兵，吓得仓皇逃窜，自相践踏，竟踩死一千多人。

东路刘铤是明军中出名的猛将，惯使一把一百二十斤的大刀，运转如飞，人称"刘大刀"。刘铤军令严明，武器火药也多。进入后金阵地后，连破几个营寨。杨镐发出停止进军命令的时候，刘铤已经深入后金阵地，两路明军失败的消息他一点也不知道。

努尔哈赤知道刘铤骁勇，不好同他硬拼，便选了一个降兵，叫他冒充杜松部下送信给刘铤，说杜松大军已到赫图阿拉城下，只等刘铤大军会师攻城了。

刘铤一直没有接到杨镐退兵的命令，也不知道杜松大军已经覆没，竟然信以为真。他为人气盛，一心报国，怕杜松独得头功，便下令火速进军。

前面道路险狭，兵马不能并行，只好改为单列进军。刘铤带兵走了一阵，突然杀声四起，只见漫山遍野都是后金伏兵。

刘铤正要应战，努尔哈赤又派一支后金兵穿着明军盔甲，打着明军旗帜，装扮成杜松大军前来接应。

刘铤毫不怀疑，把人马带进假明军的包围圈里。后金军四面夹击，明军阵势大乱。刘铤虽然勇猛，挥舞大刀，杀退了一些后金兵，但毕竟寡不敌众，他左右两臂都受了重伤，最终战死沙场。

这场大战从开始到结束只有五天时间，杨镐率领的十万明军损失了一大半，将官死了三百多人。这就是历史上著名的"萨尔浒之战"。

萨尔浒之战是明清历史的转折点，从此明朝由进攻转为防御，后金由防御转为进攻了。

萨尔浒之战后，明朝元气大伤。后金步步进逼，接连攻占了辽东重镇沈阳和辽阳。

明熹宗天启五年（1625 年），努尔哈赤把后金都城迁到沈阳，改称"盛京"。此后，后金成了明朝最大的威胁。

### （三）郑成功收复台湾

郑成功于明熹宗天启四年（1624 年）生于日本九州。

父亲郑芝龙为明朝海商及海盗首领，在中国东南沿海及日本、菲律宾等地拥有极大的势力。

母亲田川氏为日本人，郑成功 6 岁以前随母亲住在平户，直到父亲郑芝龙受明朝招安，郑成功才被接回泉州读书。

崇祯十一年（1638 年），郑成功考中秀才。

顺治三年（1646 年），清军攻占福建，郑成功的父亲认为明朝气数已尽，不顾郑成功反对，向清廷投降。这时，清军劫掠郑家，郑成功的母亲为免受辱，切腹自尽。国仇家恨之下，郑成功在烈屿（今小金门）起兵反清。

郑成功在厦门建立了一支水师，同抗清将领张煌言联合起来，率领水军十七万人乘海船开进长江，分水陆两路进攻南京，一直打到南京城下。

清军慌了手脚，忙用诈降计欺骗郑成功。郑成功中计，打了败仗，又退回厦门。

清军要求福建、广东沿海百姓后撤四十里，断绝对郑军的供应，企图困死郑成功。郑成功拓兵筹饷都遇到了困难，就决定向台湾发展。

台湾自古以来就是中国的领土。明朝末年，荷兰殖民者派侵略军霸占了台湾。他们在台湾修建城堡，向台湾人民勒索苛捐杂税。台湾人民不断反抗，遭到荷兰侵略军的残酷镇压。

郑成功决心赶走侵略军，命令将士修造船只，收集粮草，准备渡海。

郑成功为了提高战斗力，大量仿制西洋红夷大炮。这种炮在当时比较先进，具有很大的杀伤力。

这时，在荷兰军队里当过翻译官的何廷斌来见郑成功，说台湾人民在侵略军的铁蹄下备受蹂躏，早就想反抗了。只要大军一到，一定能把荷兰侵略者赶走。何廷斌还送给郑成功一张台湾地图，把荷兰侵略军的军事布署都告诉了郑成功。郑成功有了这些可靠的情报，收复台湾的信心更足了。

顺治十八年（1661年），郑成功让他的儿子郑经带领一部分军队留守厦门，自己率两万五千名将士分乘几百艘战船，从金门浩浩荡荡地出发了。

庞大的舰队乘风破浪来到了澎湖列岛。郑成功下令在此休整几天，养精蓄锐，好直取台湾。

这时，有些将士听说荷兰的大炮十分厉害，有点胆怯了。郑成功笑了笑，把自己乘坐的战船排在舰队的最前面，鼓励将士说："荷兰的大炮没有什么可怕的，你们只管跟着我的战船前进就是。"

荷兰侵略军听说郑成功率大军来了，不禁惊慌失措。他们忙把军队集中起来，分别驻守台湾城（在今台湾东平地区）和赤嵌城（在今台南地区），还在港口沉了好多破船，用以阻挡郑成功的船队。

郑成功叫何廷斌领航，利用海水涨潮的时机驶进鹿耳门，登上了台湾岛，来到台湾城下。

台湾人民听说郑成功率大军来了，纷纷推着小车，提着饭筐，端着茶壶，前来迎接祖国亲人，一个个兴奋得眼里含着泪花。

躲在城堡里的荷兰侵略军司令一见这情景，气急败坏地派遣几名军官带领一百多个士兵，端着洋枪冲了出来。郑成功一声令下，军民把敌军团团围住，杀了一个敌将，其余的敌人吓得纷纷逃散了。

荷兰侵略军调动一艘最大的军舰"赫克托"号和三艘战船，张牙舞爪地驶了过来，想阻止郑军的船只继续登岸。郑成功沉着地指挥六十艘战船把"赫克托"号围住，一齐发炮。"赫克托"号中炮起火，熊熊大火把海面照得通红。"赫克托"号渐渐沉没了，其他三艘荷兰战船迅速掉头开走了。

荷兰侵略军初战即遭到惨败，吓得龟缩在两座城里再也不敢应战了。他们一面偷偷派人到巴达维亚（今雅加达）去搬救兵，一面派使者到郑军大营向郑成功求和，说只要郑军退出台湾，他们愿意献上十万两白银。

郑成功眉毛一扬，威严地说："台湾自古

就是我国的领土，早就该物归原主了。我们收回台湾是天经地义的事。你们如果赖着不走，我们就把你们赶出去！"

郑成功喝退荷兰使者，派大军猛攻赤嵌城。赤嵌城的敌军负隅顽抗，一时攻不下来。当地百姓献策说："赤嵌城的水都是从城外高处流下来的，只要切断水源，不出三天，敌人就不战自乱了。"郑成功立即派士兵截断水源，果然不出三天，赤嵌城里的荷兰人就乖乖地投降了。

盘踞台湾城的侵略军继续顽抗，等待救兵前来支援。

郑成功和众将商议，决定采取长期围困的办法逼他们投降。

围困长达八个月之后，郑成功下令向台湾城发起猛攻。军民喊声震天，枪炮如雨，荷兰侵略军走投无路，只好竖起白旗，宣布投降。

康熙元年（1662 年），侵略军头目被迫来到郑成功大营，在投降书上签了字。然后，率领侵略军灰溜溜地登上军舰离开了台湾。

郑成功在军民的拥戴下收复了中国的宝岛台湾，成为中国历史上杰出的民族英雄。